Benno Rüttenauer

Zur Vorgeschichte des Kriticismus und Idealismus

Benno Rüttenauer

Zur Vorgeschichte des Kriticismus und Idealismus

ISBN/EAN: 9783743668171

Hergestellt in Europa, USA, Kanada, Australien, Japan

Cover: Foto ©Suzi / pixelio.de

Weitere Bücher finden Sie auf **www.hansebooks.com**

Zur Vorgeschichte des
KRITICISMUS UND IDEALISMUS.

INAUGURAL-DISSERTATION

der

hohen philosophischen Facultät
der Universität Freiburg

zur

Erlangung der philosophischen Doktorwürde

vorgelegt von

Benno Rüttenauer,
aus Oberwittstadt.

FREIBURG I. B.
BUCHDRUCKEREI VON CHR. STRÖCKER.
1882.

Mit grosser Genugthuung benutze ich diese Gelegenheit,

meinem verehrten Lehrer in der Philosophie

Herrn Hofrat Prof. Dr. Windelband

für dessen mehrjährige, so liebenswürdige und anregende Leitung meiner Studien

meinen tiefgefühlten Dank

öffentlich auszusprechen.

Der Verfasser.

In dem Fortgang der Entwicklung des Geistes und des Gedankens sind, wie im Leben der Natur, grosse sich wiederholende Kreisläufe nicht zu verkennen. In der griechischen Philosophie waren auf die in ihrer Art grossartigen Versuche einer Weltproblemlösung dialektische Spielereien, waren auf die jonischen Physiker mit ihrer elementaren, naiven Fragestellung, auf die Pythagoräer mit ihren tiefgehenden ethisch-religiösen Problemen, auf die Eleaten, die schon die subtilsten Schwierigkeiten aller Problemlösung berührt hatten, waren auf Empedokles, Anaxagoras und die Atomistiker die Sophisten gefolgt und hatten durch ihre Art zu philosophieren äusserlich eine bisher ungeahnte Verbreitung und Popularisierung der Philosophie und neben diesem äusserlichen Wuchern und pilzartigen Umsichgreifen des Philosophierens zugleich einen innerlichen Verfall der wahren Wissenschaft herbeigeführt, einen Indifferentismus für alle ernsteren Fragen der Philosophie und einen immer mehr um sich greifenden Zweifel an ihrer Zulänglichkeit.

Aehnlich, wenn auch natürlich nicht ganz zutreffend, lagen die Verhältnisse zu Ausgang des Mittelalters. Für beide parallele Entwicklungsreihen gilt das Wort unsers Kant, dass „Ve rdruss und gänzlicher Indifferentismus, die Mutter des Chaos und der Nacht in Wissenschaften, doch zugleich der Ursprung, wenigstens das Vorspiel einer nahen Umschaffung und Aufklärung derselben ist."

Bei den Griechen ist es Sokrates mit seinem charakteristischen „Ich weiss, dass ich nicht weiss", der durch sein Streben nach vollständiger Klärung und Fixierung der Begriffe, die elementarsten und alltäglichsten nicht ausgenommen, über den negativen Stand des Alles-in-Fragestellens, über das blosse, wenn auch vielleicht sehr geistreiche Spiel sophistischer Dialektik hinaus auf die positive Grundlage gesichteter und darum gesicherter Begriffe gelangte. Er wurde dadurch der Begründer einer neuen Ära der Philosophie.

Dass beim Beginn der neuen Bewegung im 16. Jahrhundert ein sokratischer Geist in der Philosophie spuckte, geht äusserlich schon daraus hervor, dass Sokrates, der mit den Schulphilosophen der vorausgegangenen Zeit wenig gemein hatte, in den bewegenden Werken dieser Zeit überall in den Vordergrund gestellt und wiederholt als der grösste philosophische Geist aller Zeiten proklamiert wird. Es war ein ähnlicher Geist des Misstrauens gegen alle seitherigen Voraussetzungen der Philosophie, ein Bewusstsein der Notwendigkeit, neue Begriffe und Grundlagen der Erkenntnis zu gewinnen, ein Geist des Kriticismus, wie wir heute sagen, der die Philosophie jener Übergangszeit beherrschte. Natürlich ging im 16. Jahrhundert die Entwicklung, entsprechend den viel complicierteren Verhältnissen, langsamer als in der sokratisch-platonischen Zeit vor sich und war mit wiederholten Rückfällen verbunden. Aber wenn auch erst im letzten Stadium der Entwicklung die grosse erkenntnistheoretische Aufgabe der modernen Philosophie gelöst wurde, so hatte sich doch jene Zeit schon diese Aufgabe gestellt; wenn auch erst Kant sie in einer für ewige Zeiten imponierenden Weise gelöst hat, die ersten Lösungsversuche derselben finden sich schon im Anfang der neuen Ära. Mag man immerhin und mit vollem Recht die ganze Reihe der vorkant'schen Philosophen als Dogmatiker bezeichnen, so ist es dagegen nicht weniger angemessen, die Entwicklung aller jener dogmatischen Systeme aus kritischen Bestrebungen, und die ganze moderne Philosophie vor Kant als die Genesis des Kriticismus zu erklären, und deren Geschichte als die Geschichte der Möglichkeitsbedingungen seiner That. Dies zu zeigen, sei die Aufgabe dieser Zeilen.

1.

Im Hinblick auf die griechische Philosophie könnte man den Ausspruch Kuno Fischer's, dass alle Philosophie mit dem Zweifel anfange, zu bezweifeln geneigt sein. Für die Geschichte der modernen Philosophie gilt er in vollem Sinne. Nicht nur die eigentlichen Skeptiker Montaigne, Charron, Sanchez, auch Bruno, Campanella, Descartes, Bacon, alle erheben die Forderung des Zweifels und zwar des ausgedehntesten Zweifels, als erste Bedingung wahrer Philosophie: „Dubitemus," ruft Bruno aus (op. I. p. 16), „dubitemus interim, quoad liberius atque sincerius causam agere liceat."

Descartes, mit dem man die Geschichte der modernen Philosophie anzufangen pflegt, ist also nicht der erste, der aus dem vorgefundenen Dogmatismus zu Zweifeln und, trotz allem Naivismus und Dogmatismus, in den seine Philosophie auslief, zu einem Anfang von kritischem Denken gelangt war. Wenigstens war er auf dem besten Wege dazu gewesen. Zum Kriticismus? Kuno Fischer sagt vom Kriticismus, dass er zur dogmatischen Philosophie nicht im Verhältnis eines Gegensatzes stehe, sondern in dem einer Wissenschaft zu ihrem Object. In diesem Verhältnis aber stand das Denken Deskartes', stand auch besonders das der Skeptiker und mit besonders hervorgehobenem Nachdrucke das von Ramus, Bruno, und Campanella zu dem Aristotelismus des Mittelalters. Die Hinweisung auf die Verkehrtheit, Hohlheit und Dünkelhaftigkeit jener Philosophie, die, mit ewig deduktivem Vorgehen auf dem sterilen Wege rein logischen Folgerns, von Syllogismus zu Syllogismus, zur Beantwortung der höchsten und letzten Fragen des Menschengeistes fortschreiten zu können glaubte, ohne jede Prüfung der Grundlagen ihrer Erkenntnisse oder ihrer Möglichkeit überhaupt, ist einer der hervorstechendsten Züge in den Werken der genannten Philosophen. Kritische Versuche vor Kant nachweisen, heisst auch gar nicht Kants eminente Bedeutung im geringsten verringern wollen. Eine Aufgabe, an der Jahrhunderte in ungeschickten Versuchen wie blind herumgetappt haben, mit vollem Bewusstsein, mit aller Besonnenheit und Klarheit, deren nur ein Genie fähig ist, erfasst und in der überraschendsten und grossartigsten Weise gelöst zu haben: darin liegt die Grösse und Bedeutung Kants, nicht darin, dass seine Aufgabe absolut neu war. Nach Kant besteht die Aufgabe der Kritik der Vernunft in dem schwierigen Geschäft ihrer Selbsterkenntnis, wodurch sie ihre gerechten Ansprüche sichern und dagegen grundlose Anmassungen nach ihren ewigen und umwandelbaren Gesetzen abfertigen könne. (Kehrb. p. 5.) Gewiss sind in Deskartes die ersten Anfänge zu diesem Geschäfte unverkennbar. Er sucht nach einem ersten und obersten Princip der Erkenntnis, vor dem der Zweifel, der alles wanken gemacht hatte, stille halten müsse, ein Princip also, das, gefeit gegen jeden, auch den radikalsten und verwegensten (aber noch vernünftigen) Zweifel, in sich selber die Möglichkeit einer Erkenntniss tatsächlich darthue und von dem aus man, wenn man nur nicht gegen die Formen des Denkens verstosse, also keine logischen Fehler mache, zu andern sichern und gewissen Erkenntnissen müsse fortschreiten können. In ihrem Grundgedanken enthält diese Aufgabe schon den kritischen Keim, in ihrem letzten Punkt aber auch wieder eine rein dogmatische Wendung. Dass Deskartes' Denken, so weit es als kritisches Denken in Betracht kommt, an dieser Aufgabe scheiterte und auf dem festen aber unfruchtbaren Felsen des Dogmatismus sitzen blieb, ist bekannt. Es wundert uns weniger, dass Deskartes die komplicierte und äusserst schwierige Natur des Selbstbewusstseins, in dem er das von ihm gesuchte Prinzip gefunden zu haben glaubte, nicht ahnte, als vielmehr das grosse Vertrauen, das er in die Zulänglichkeit und Unfehlbarkeit des deductiven Geistesvermögens setzte. Und doch war gerade in diesem Punkte schon vorgearbeitet gewesen. Ich denke an die sogenannten französischen Skeptiker.

Gerade das Misstrauen in die menschlichen Verstandesfunctionen, namentlich in alles discursive Denken ist der Hauptzug in der Gedankenrichtung der Skeptiker. Nirgendwo mehr als bei ihnen ist die Cardinalfrage des Kriticismus, ob Erkenntnis überhaupt möglich sei, betont worden. Nur eine positive Lösung wussten sie nicht zu finden. In ihrer Verneinung glaubten sie, die richtige Lösung gefunden zu haben. Und weil diese Verneinung nicht aus guten Gründen hervorgegangen, sondern nur die Folge war eines entmutigten Zurückschreckens vor unüberwindlich scheinenden Hindernissen oder auch wohl eines frivolen Überdrusses an weiterem Suchen, so war sie dogmatisch, so waren die Skeptiker von dem allerkritischsten Ausgangspunkt ausgehend ebenfalls wieder, so sonderbar das klingt, dogmatisch geworden.

Es dürfte nicht uninteressant sein, zwischen Deskartes und den Skeptikern eine Vergleichung zu ziehen. Man würde daraus sehen, wie vieles der Philosoph des cogito ergo sum mit jenen des scio, quod nihil scio gemein hat und wie er vielleicht zum Teil gerade von ihnen angeregt wurde. Besonders dürfte es aus dieser vergleichenden Betrachtung, bei Heranziehung noch einiger anderen Philosophen vor Deskartes, klar werden, dass nicht mit Bacon und Deskartes erst das moderne Denken anhebt. Deskartes gewaltiger Einfluss auf Zeitgenossen und Nachfolger, wodurch er seine Vorgänger tief in den Schatten stellte, mag weniger auf der Originalität seiner Methode und der Neuheit seiner Gedanken beruhen, als in der mit imponierender Consequenz und einer durch fortwährende

Beschäftigung mit Mathematik erworbenen streng systematisch-wissenschaftlichen Durchführung seiner Philosophie und besonders auch auf seiner lichtvollen, knappen und abgerundeten Darstellung derselben.

Wenn wir die Skeptiker würdigen wollen, ist zunächst nicht aus den Augen zu verlieren, dass sie vorherrschend keine Männer der Schule und der Schulwissenschaft waren, sondern der Wissenschaft als solcher verhältnismässig fern stunden. Von allen Skeptikern ist bekanntlich Montaigne am berühmtesten geworden. Er wird noch gelesen und wird hauptsächlich zur Charakteristik der Skepsis genannt und citiert. Hier kann er uns nicht in erster Linie interessieren, ebensowenig wie sein frommer Landsmann Charron. Unser Hauptinteresse fällt vielmehr auf den dritten der drei berühmten Franzosen, auf Sanchez. Während die beiden ersten specifisch wissenschaftliche Fragen nur hin und wieder berühren, und mehr die ein grösseres Publikum interessierenden, allgemeinen und praktischen Fragen des Lebens in der Sprache des Volkes behandelten, schrieb Sanchez mit der klar zu Tage liegenden Tendenz rein wissenschaftlicher Zwecke in der Sprache der Gelehrten für Gelehrte. Jene, der eine ein Weltmann, der andere ein Prediger und Priester, wollen mit ihren Untersuchungen die Erreichung der irdischen oder der jenseitigen himmlischen Glückseligkeit befördern; sie wollen praktische Philosophie. Sanchez kultiviert das Wissen um des Wissens willen. Die Theorie, das Erkennen, ist ihm Selbstzweck.

Man kann fragen, wie diese Männer zur Skepsis gekommen sind. Waren sie mit den antiken Skeptikern bekannt? Montaigne und Sanchez jedenfalls. Ersterer spricht in Bezug auf skeptische Anschauungen von den Pyrrhoniens und den Academiciens als mit seinen Ansichten übereinstimmend. Er meint mit den letzteren jedenfalls die sehr stark skeptisch versetzte mittlere Akademie. Noch häufiger beruft sich Sanchez, ohne gerade zu citieren, auf das Zeugnis der Alten. Seine Gewährsmänner sind Sextus Empirikus und Diogenes, der Laertier, aus denen er die Doktrinen Pyrrho's und anderer kennen gelernt hat. Man braucht aber trotzdem nicht anzunehmen, dass diese Männer durch die Alten zu ihrer Skepsis veranlasst worden sind, so sehr es ihnen bei der Ausbildung und Darstellung ihrer Lehre willkommen sein mochte, sich auf griechische Autoritäten berufen zu können. Die Genannten sehen gar nicht darnach aus, als ob sie Nachbeter fremder Gedanken seien. Auch brauchte es in jenem Jahrhundert wahrlich keiner philologischen Veranlassung zur Skepsis. Die Zeit war, wie schon betont wurde, ganz darnach angethan, dass der Skepticismus mit Naturnotwendigkeit daraus hervorwachsen musste. Es war ein entschieden revolutionärer Geist, der durch die Zeit wehte, und der das Zeitalter der Renaissance charakterisiert, ein Geist der Auflehnung gegen die kirchliche Autorität, ein Geist im Anfang mehr des Umsturzes als des Aufbaues: es war der Geist, der verneint. Aus diesem Charakter der Zeit heraus erklärt sich leicht die allenthalben hervortretende populärskeptische Denkrichtung. Der wissenschaftliche, in seinen Wirkungen bedeutende und für die Fortentwicklung der Philosophie erfolgreiche Skepticismus hat tiefere Gründe. Er scheint das Kind zu sein einer Berührung des Neuplatonismus mit dem erwachenden Sensualismus.

Diese beiden die Zeit charakterisierenden Richtungen treten — beide im scharf ausgesprochenen und immer feindlicher sich gestaltenden Gegensatz gegen den mittelalterlichen vermeintlichen Aristotelismus — gleich energisch und gleich kühn auf. Die platonisierende Richtung ist die ältere. Sie hatte in der Florentinischen Akademie ihren höchsten Aufschwung, in Marsilio Ficino († 1499) und in Pico von Mirandola, welcher letztere die Verschmelzung mit der verwandten cabbalistischen Richtung vollzog, ihre talentvollsten und begeistertsten Anhänger gefunden. Für italienische Philosophen war diese Richtung von nun an im allgemeinen massgebend. Aber ihr Einfluss erstreckte sich über die Grenzen Italiens hinaus, und bald sehen wir sie in Frankreich sowohl als auch in England mit grösserer oder geringerer Lebhaftigkeit vertreten. Es war als ob man sich seit Augustinus zum erstenmal wieder bewusst geworden sei, dass das Christentum nicht in Aristoteles, sondern in Plato seine verwandtesten Seiten habe, und die ganze Bewegung wird um so wirksamer, als die einzelnen Vertreter derselben, so sehr sie auch in ihren letzten Absichten und besonders in ihrem Verhältnis zu Christentum und Kirche sich selber diametral gegenüberstehen mochten, doch alle in einem Punkte übereinstimmten, in ihrer Feindschaft und in ihrem Kampf gegen Scholastik und Aristotelismus, die sie meistens identificierten. Das war die spiritualistische Seite der Zeit, und nach dieser Richtung wollte es fast scheinen als ob der Spiritualismus, der, pracktisch noch mehr als theoretisch, in der mittelalterlichen Weltanschauung als das hervorragendste Charakteristikum aufgetreten war, noch einmal aus neuentdeckten reichen Quellen fliessen und aus lange im Schutt vergrabenen Ruinen in kräftiger Verjüngung aufs Neue emporblühen sollte. Was war nun eigentlich der erste Anstoss zu dieser Strömung? Doch nichts anders als die schon im Nominalismus, und besonders in Occam sich geltend machende Reaktion gegen den Formalismus, genannt Realismus, der mittelalterlichen Philosophie. Diese Thatsache ist bemerkenswert. Die gleiche reaktionäre Strömung, konnte sie nicht auch zu einem ganz entgegengesetzten Resultat führen? Nehmen wir an, dass sich dieser Zug bei Männern geltend machte, die, wie etwa Ärzte, durch ihre Berufsstudien weniger auf die Spekulation als auf die Beobachtung und den intimen Verkehr mit der Natur angewiesen waren, so mussten diese, da die Platonische Philosophie und Denkweise überhaupt nicht jedermanns Sache ist, einen andern Ausweg finden aus der grossen Wüste der Scholastik, die immer mehr zu versanden drohte und in der die starren Riesenpyramiden eines Thomas und Skotus längst nicht mehr mit der ursprünglichen imponierenden Gewalt neben der mystischen Sphinx emporragten. Den einen Ausweg schien am Himmel die leuchtende Wolke des Platonismus zu zeigen. Es musste auch einen andern geben. Welcher dies sein mochte, liegt nahe. Man hatte — wie das wohl zu Zeiten kommen mag — an dem himmlischen Manna den Geschmack verloren und sehnte sich mit fleischlichen Gelüsten nach irdischer Nahrung; man hielt sie für nahrhafter, für gesunder und zu allerletzt auch für — pikanter. Der Drang nach Erkenntnis der Natur und ihrer **geheimsten** Kräfte und Lebensquellen, und zwar nicht blos theoretisch einseitig, sondern mit dem Charakter eines ungestümen **Verlangens** nach Durchdringung der Naturgeheimnisse, nach Beherrschung und völliger Aneignung aller Kräfte, aller Genuss-, Lebens- und Machtquellen der Natur, brach jetzt um so gewaltiger, um so üppiger und ausschweifender hervor, als er so lange mit Gewalt niedergedrückt worden war. Es ist das Zeitalter Fausts. Die Naturphilosophie feierte jetzt überall ihre Orgien. Eine allgemeine gewaltige Natursehnsucht hatte sich aller Gemüther bemächtigt. In den Darstellungen der grossen Epoche der Renaissance (dieses Wort in

seiner weitesten Bedeutung) ist ein Gesichtspunkt noch wenig oder
vielmehr noch gar nie in das rechte Licht gerückt worden, der
nämlich, welcher in dem Gedanken liegt, dass mehr als das Zurück-
gehen auf die Alten, das Zurücksehnen zu der Natur (und beides ist
durchaus nicht dasselbe) den eigentlichen Gehalt jener Kulturepoche
bedingte.

Das ist die zweite Seite jener zwiespaltigen Zeit, die sensua-
listische oder naturalistische. Das ist der gewaltige Widerspruch,
der die Zeit charakterisiert, und der im Mittelalter, im Nominalismus
und Realismus nur eine sehr schwache Parallele gehabt hatte.
Gerade in diesem Widerspruch aber liegt die treibende Kraft der
beginnenden Entwicklung.

Zuerst treten die sich widersprechenden Richtungen in geson-
derten Erscheinungen auf. Die italienischen Akademiker sind in
ihrer innern Einheit und Widerspruchslosigkeit die vollen und ganzen
Apostel Platons oder vielmehr Plotin's. Die Cardamus Telesius,
Caesalpinus, Parazelsus sind die Propheten und Vorläufer Balcons,
wenn auch nicht ganz in dieser innern Einheit wie jene; denn die
christlich platonische Weltanschauung, die mehr oder weniger unbe-
wusst in ihnen wirkte, machte diese Männer noch zu halben Mystikern,
manchmal freilich auch wieder mehr zu halben Magiern. Allein es
konnte auch so kommen, dass beide Richtungen als bewusste wissenschaftliche Tendenzen nebeneinander in einem Denken auftreten,
eine Zwiespältigkeit, die in den naturalistisch gehaltenen geradezu
kecken Randzeichnungen der frommen Gebetbücher jener Tage
treffend illustriert ist. Dies ist aber ganz der Charakter Campanellas,
und in fast gleichem Masse der der (ausdrücklich so genannten)
Skeptiker. Der Sensualismus tritt offen zu Tage, bei Campanella
so gut wie bei den Franzosen. Überhaupt waren alle jene ersten
schwachen Versuche einer mehr oder weniger noch psychologisch
und methodologisch gehaltenen Erkenntnistheorie sensualistisch an-
gehaucht. Wie auf dem praktischen Gebiete der einseitige Spiritualismus überwunden wurde und das Recht der Natur und der
Sinne wieder neben dem Geiste zur Anerkennung kam, woraus der
grossartige Aufschwung der Künste in der Renaissance sich her-
schreibt, so musste zu gleicher Zeit auch auf theoretischem Felde
der scholastisch-aristotelisierende Formalismus dem theoretischen Sensualismus einen Teil seiner Domäne einräumen. Nun musste sich

natürlich diese Tendenz mit dem zu gleicher Zeit, ebenfalls in Opposition gegen mittelalterlichen Aristotelismus, stark sich geltendmachenden Neuplatonismus schlecht vertragen. Dieser aber ist in Campanella und Sanchez wiederholt und aufs nachdrücklichste ausgesprochen, und bei den andern Skeptikern ebenfalls leicht nachzuweisen. Campanella ist geradezu ein ausgesprochener Neuplatoniker. Und nehmen wir G. Bruno. In seinem fieberhaften, ja oft bis zum Wahnwitz gesteigerten Streben nach Naturerkenntnis, nach der Erkenntnis „aller Wirkungskraft und Samen" und „was die Welt im Innersten zusammenhält" steuerte er, stürmischer als einer, auf den Sensualismus los; aber in seiner Annahme einer über alle Sinnenerkenntnis hinausgehenden Unendlichkeit der Welt entfernte er sich zugleich himmelweit von dem Sensualismus gemeinen Schlags. Und ein Copernicus, ein Telesius, ein Galilei, kamen nicht gerade sie in ihren, in der empiristischen Richtung (Welterkenntnis durch Naturbeobachtung) gelegenen Forschungen zu Resultaten, welche die fortwährende Sinnestäuschung als klarliegendes Faktum erscheinen liessen, so dass selbst in Forschungsrichtungen, wo man es am allerwenigsten gesucht hätte, Keime einer phänomenalistischen Weltauffassung lagen. Bekannt ist wie Kant am liebsten die Copernikanische Weltanschauung als Parallele seines transscendentalen Idealismus anführt.

Da hätten wir nun also nebeneinander in einem Denken die sich widersprechendsten Tendenzen mit deutlichem Bewusstsein vereinigt. Was musste die Wirkung davon sein? Wenn man einerseits mit Plato der vollen Überzeugung zu sein schien, dass uns durch die Sinne nie eine wahre Erkenntnis der Dinge vermittelt werden könne, und auf der andern Seite nicht abgeneigt war, der immer mehr umsichgreifenden Ansicht beizustimmen, dass alle Erkenntnis überhaupt von den Sinnen ausgehen müsse, so hatte man nicht mehr weit mitten in den radicalsten Skepticismus.

Auf der einen Seite der Glaube an eine höhere übersinnliche Welt und die erhabene Aufgabe ihrer Erkenntnis; auf der andern Seite die Überzeugung, dass nur die Sinne uns Weg und Mittel der Erkenntnis sind. Welcher Widerspruch zwischen dieser Aufgabe unserer Erkenntnisthätigkeit und ihren Mitteln! Es ist das so etwas wie eine Paralelle zu Kants transscendentaler Dialektik, wo dieser den nämlichen Widerspruch darlegt, indem er zeigt, wie die Aufgabe unsers Verstandes, deren Bewusstsein in unserer Vernunft lebt und in der Gestalt der transscendentalen Ideen vorgestellt wird, vom Verstand selber nie gelöst werden kann. Was in Kant uns als gründlichste und klarste, als grossartigste Lösung des erkenntnistheoretischen Problems d. h. als eigentlichster Kriticismus entgegentritt, das musste in jenen Männern, die dieses Problem nur erst zu inaugurieren im Begriffe sind, Skepticismus sein. Nicht darin bestund das Wesen jenes Skepticismus, dass seine Vertreter, wie Bacon ihnen vorwirft, nihil sciri posse, simpliciter asserunt, wie es ja wohl scheinen kann, wenn man ihre Ausdrucksweisen wörtlich versteht, und wie es deshalb auch sonst die allgemeine Meinung sein mag; was diese Skeptiker charakterisiert und ihr Wesen als Skeptiker ausmacht, ist vielmehr das, dass sie jene von ihnen geglaubte Welt von Dingen, die hinter den blossen Schatten der Sinnendinge liegt und zu deren Erkenntnis ein innerer, notwendiger Drang uns forwährend antreibt, für uns sinnlich erkennende Wesen für immer und ewig unerkennbar halten mussten, während sie auf der andern Seite, ganz ihrer Platonischen Denkweise gemäss, die andere Welt, die wir durch unsere Sinne recht gut erkennen mögen, für nichts, für eitel Rauch und Schatten achteten. Unter diesem Gesichtspunkt betrachtet muss auch der dem Skepticismus so oft imputierte Vorwurf der Frivolität bedeutend an Gewicht verlieren. Jedenfalls kann man den tiefen Skepticismus eines Sanchez, Bruno und Campanella, dem zugleich der tiefste Ernst zur Seite steht, gar nicht verstehen, ohne dass man ihn aus dem Grundprinzip des Platonismus zu erklären sucht. Sensualistisches Denken an sich hat niemals Skeptiker erzeugt; aber sensualistisches Denken bei platonischer Weltauffassung musste sie erzeugen. Der nämliche Prozess, der im Altertum (in der sogenannten zweiten und dritten Akademie) die Philosophie auflöst, bildet — merkwürdig genug — in der Entwicklung der modernen Philosophie den ersten Anfang.

Omnis a sensu cognitio est. Nachdem man Jahrhunderte lang die höchste wissenschaftliche Forschung in rein formalen Denkfunktionen, in syllogistischen Operationen gesehen hatte, war es kein Wunder, wenn jetzt dieser Satz, der auf einmal wie in der Luft lag, die Geister ein wenig verblüffte.

2.

Es sind deshalb hauptsächlich zwei Richtungen, die in den massgebenden philosophischen Erscheinungen der Zeit charakterisierend hervortreten. Die eine besteht in der deutlich ausgesprochenen, meistens sogar sehr heftigen Opposition gegen den Aristotelismus, wie man den mittelalterlichen Denkformalismus immer bezeichnete; die andere ist ein mehr oder weniger skeptisches, mehr oder weniger kritisches, zu mehr negativen oder mehr positiven Resultaten fortschreitendes Vorgehen in den Untersuchungen über Sinneswahrnehmungen, physiologische, psychologische und methodologische Forschungen. Beide Richtungen sind kritischer Natur; beide sind in den Skeptikern, mit wissenschaftlicher Gründlichkeit besonders in Sanchez, vertreten. Auf ihn kommen wir somit speciell zurück. Wenn wir von wissenschaftlicher Gründlichkeit reden, so ist einleuchtend, dass diese nicht in dem heutigen Sinne des Wortes zu verstehen ist. Sie war aber in Sanchez vorhanden, soweit sie zu seiner Zeit auf den bezeichneten Gebieten für ihn möglich war. Diese Möglichkeit war allerdings nicht gross, und es mag uns deshalb seine Methode, namentlich auf dem Gebiete physikalischer und physiologischer Untersuchungen, als ein blindes Herumtappen nur ein mitleidiges Lächeln abnötigen. Allein, wenn wir nicht zu jenen gehören, die da finden

„ — — es sei ein gross Ergetzen,
Sich in den Geist der Zeit zu versetzen,
Zu schauen, wie vor uns ein weiser Mann gedacht,
Und wie wirs dann zuletzt so herrlich weit gebracht,"

so werden wir die Unzugänglichkeiten der Zeit nicht dem Einzelnen in die Schuhe schieben wollen; wir werden es begreiflich finden, dass das Gebiet der Sinnesempfindungen, das fortwährend zu physikalischen Untersuchungen nötigte, für jenes Jahrhundert eine schlüpfrige Bahn war, auf der es gar nicht leicht sein konnte, sich aus dem bodenlosen Moor (um nicht zu sagen Sumpf) des Skepticismus herauszuretten.

Am wenigsten ist Sanchez Skepticismus ein frivoler. Er meint es ernst mit der Wahrheit. In dem Streben nach ihr sieht er die Würde und den Vorzug des Menschen bedingt. Gerade weil er es ernster nahm als andere, weil er weit entfernt war von jener Flachheit, die Wörterkram für Wissenschaft nimmt und spitzfindige Denkformeln für Erkenntnisse ausgiebt und den Schein von Dingen für Dinge,

„Die immerfort an schalem Zeuge klebt,
Mit gieriger Hand nach Schätzen gräbt,
Und froh ist, wenn sie Regenwürmer findet,"

gerade darum war er Skeptiker.

„O, glücklich! wer noch hoffen kann,
Aus diesem Meer des Irrtums aufzutauchen."

Sanchez hatte diese Hoffnung nicht; aber er rang dennoch — ein tragisches Loos! Aber hat nicht Kant, mit höherer Einsicht und begrifflich klar, gezeigt, dass dies das Loos der menschlichen Erkenntnisthätigkeit, so weit sie theoretisch ist, überhaupt sei! Daraus erhellt wohl der wahre Sinn des von Schopenhauer so gern citierten Bruno'schen Wortes: „omnes veros philosophos melancholicos esse." „Qui studet," sagt Sanchez schon vor ihm, „melancholicus tandem fit." In dieser Richtung dürfte etwa Montaigne von Sanchez, mit dem er in der Geschichte der Philosophie den gleichen Titel führt, weit abliegen.

Gehen wir etwas näher auf Sanchez ein. Seine nächste Aufgabe war, wie schon angedeutet wurde, zu zeigen, wie das, was das Mittelalter für Aristotelische Logik ausgab, wie diese im kahlen Syllogismus aufgehende Methode des Philosophierens, die in ihrer Selbstüberschätzung sich als ein Organon der Wissenschaft gab, in der That ein sehr schlechtes Werkzeug sei. Er hebt hervor, wie in dem berühmten Syllogismus nur eine Analyse, resp. Exemplifizierung eines gegebenen Begriffs, aber niemals eine, zu einer neuen Erkenntnis fortschreitende Synthese enthalten sei, und es mit dem „Erschliessen" der Wahrheit also nicht weit her sei. Man bewege sich immer im Zirkel, und wer das nicht erkenne, betrüge andere und sich selbst: „Circulum comissisti, meque proinde et te decepisti" (Qu. nih. sc. p. 7.). „Syllogismus nulla acquisita scientia," ist der Satz, auf den er immer wieder zurückkommt, und den er in seiner Schrift „Quod nihil scitur" (1581) unter den mannigfaltigsten Wendungen bringt. Die „futilis Syllogismorum scientia", die „futiles disputationes Logicorum", die „Dialecticorum falacio", die „frivolae Logicorum quaestiones", die „definitio nominalis", die „Syllogismorum doctrina scientiis perniciosa" kann er nicht genug blossstellen (a. a. O. p. 1, 5, 6, 7, 9, 86) und kann nicht witzige Wendungen genug finden, die „Dialectica altera Circe" und die „Dialectici similes Aeneae" mit seinem Spotte zu geisseln, lächerlich zu machen und der Verachtung preiszugeben. „Apud hos syllogisantes" sagt er, „ille doctior est, qui melius garrit" (a. a. O. p. 86).

Wenn man bedenkt, dass noch Kant gegen die falsche Spitzfindigkeit der vier Formen des Syllogismus schrieb, dass man erst nach Kant sich von dem Despotismus der alten Logik nach und nach befreite, und dass sich selbst ein Kant, zu seinem Nachteil, in einzelnen Punkten noch sehr von ihr imponieren liess, so wird man, denke ich, Sanchez' kritisches Vorgehen nicht zu gering anschlagen. Auffallend ist, wie Sanchez' Polemik gegen das logische Formelwesen, das man Philosophie nannte, nun bald in den Hauptvertretern der Philosophie, jedenfalls durch Sanchez mit veranlasst, zum charakteristischen Ton wird. Bei Bacon und Deskartes sind Anklänge an Sanchez unverkennbar. So lesen wir im Novum Organum (1620): „Logica inutilis est ad inventionem scientiarum" (aph. 11). „Logica quae in abusu est, ad errores stabilendos valet potius quam ad inquisitionem veritatis, ut magis damnosa sit, quam utilis" (aph. 12). Und ähnlich in aph. 13 u. 14. Es ist ganz das Gleiche, was schon Sanchez sagte: „Der Syllogismus, das Verfahren der Logiker, ist für die Erkenntnis nicht nur von keinem Nutzen, sondern sogar hinderlich, verderblich und deshalb verwerflich." Auch bei Bacon ist es hauptsächlich Aristoteles, der angegriffen wird, der für alle Sünden der Scholastik büssen muss: „Primi generis (Sophisticae) exemplum in Aristotele maxime conspicuum est, qui philosophiam naturalem dialectica sua corrupit..." (aph. 63). Von den zahlreichen Stellen aus Deskartes' „Regulae ad directionem ingenii" (Oev. éd. p. Cousin XI p. 207, 255, 279 f. 288 f. 295), seiner am meisten polemischen Schrift (Amst. 1701), möge hier nur die folgende angeführt werden: „Or pour se convaincre plus complétement que cet art syllogistique ne sert en rien à la découverte de la vérité, il faut remarquer que les dialecticiens ne peuvent former aucun syllogisme qui conclue le vrai, sans en avoir eu avant la matière, c'est-à-dire sans avoir connu d'avance la vérité que ce syllogisme développe. De là il suit que cette forme ne leur donne rien de nouveau; qu'ainsi la dialectique vulgaire est complétement inutile à celui qui veut découvrir la vérité, mais que seulement elle peut servir à exposer plus facilement aux autres les vérités deja connues" (p. 256). Diese Stelle ist gewiss interessant. Nicht nur sagt Sanchez in verschiedenen Wendungen wiederholt dasselbe; das darin Gesagte deckt sich auch, und zwar bis auf den letzten Rest, mit Kants Ausführungen über das analytische Urteil.

In seiner Geringschätzung alles diskursiven Denkens begegnet sich Sanchez auch mit seinen beiden Landsleuten. Nur im Ausdruck sind diese weniger präcis. Vom Raisonnement oder „Discours", wie er es nennt, redend, sagt Montaigne: „C'est le soulier de Thérasaménes, bon à tous piėds." Ähnlich Charron. (De la Sagesse I. 15.)

Unerlässlich erscheint Sanchez die Forderung einer neuen Definition der Erkenntnis und eine Klarstellung ihrer Grenzen. Hier ist der Punkt, wo Sanchez sich zuerst in seiner positiven Richtung mit Deskartes berührt. Um einen sichern Anknüpfungs- und ersten Ausgangspunkt, ein in sich festes Prinzip der Erkenntnis zu finden, entschliesst er sich, wie Deskartes, so lange alles in Zweifel zu ziehen, bis er auf den zu suchenden zweifellosen Punkt stossen würde. „Ad me proinde memetipsum retuli omniaque in dubium revocans, ac si a quopiam nil unquam dictum, res ipsas examinare coepi: qui verus est sciendi modus. Resolvebam usque ad extrema." (Qu. n. sc. p. 77.) Die Übereinstimmung dieser Stelle mit den betreffenden Geständnissen Dekartes' im Discours de la Méthode (Op. II. p. 10 ff.) und in den Meditationen, besonders in der ersten und zweiten, ist zu auffallend. Freilich macht Sanchez den specifisch skeptischen Beisatz: „Inde initium contemplationis faciens, quo magis cogito, magis dubito: nil perfecte complecti possum", und an einer andern Stelle (a. a. O. 132): „Quoque magis rem contemplor magis dubito." Das ist deutlich und lässt nicht verkennen, wie doch auch wieder ein grosser Unterschied ist zwischen Sanchez und Deskartes. Bei letzterem tritt doch gleich von vornherein die Betonung der nur interimistischen Geltung seiner Zweifel deutlich hervor. Dasselbe gilt von Bruno (dubitemus interim). Bacon hat diesen Unterschied besonders herausgehoben und zu einer Polemik gegen die Skeptiker verwendet (nov. org. I. aph. 37). Trotzdem entfernen sich Sanchez und Deskartes nicht so weit von einander, als es auf den ersten Anblick scheinen könnte. Jedenfalls stimmen sie im Princip ihrer Methode überein. Aber diese Übereinstimmung geht noch weiter. Sie erstreckt sich bis auf den Gang der Untersuchungen im Einzelnen. Und das Resultat beider? Deskartes findet, dass im Bewusstsein seiner selbst die einzige unmittelbare und unanzweifelbare Gewissheit liegt, das Wissen vom Sein. Sanchez kommt ihm hierin nahe. Er sagt: „Certior enim sum, me et appetitum habere et voluntatem: et nunc hoc cogitare, modo illud fugere, detestare, quam templum aut Soratum videre." (Qu. n. sc. p. 58.) Und vorher sagt er: „Certus quidem sum, me nunc haec, quae scribo, cogitare, velle scribere, et optare, ut vera sint." Man sieht, dass es sich hier genau um dieselben Überlegungen handelt, die Deskartes zu seinem strikten „cogito, ergo sum" geführt haben. Indessen schaut bei Sanchez auch hier wieder der ausgemachte Skeptiker heraus, wenn er fortfährt: „Sed cum considerare nitor, quid sit, haec cogitatio, hoc velle, hoc optare, ... sane deficit cogitatio, frustratur voluntas, increscit desiderium . . ." (p. 57). Sanchez' Denkweise ist zu sensualistisch, sein Misstrauen gegen alles diskursive Denken zu gross, als dass er, wie Deskartes, von der wahrgenommenen unmittelbaren innern Gewissheit des eigenen Seins, deduktiv weiter gehend, zu einem, von ihm selbst unbezweifelten, positiven System des Wissens hätte fortschreiten mögen. Er schlägt diese unmittelbare Gewissheit von unserer innern Funktion, obgleich sie auch nach ihm die einzige unzweifelhafte Gewissheit ist, die wir überhaupt haben können, trotzdem sehr gering an. Sanchez ist nicht nur zu sehr Skeptiker, sondern auch zu sehr Sensualist. Sein Dogma ist ja: „Omnis a sensu cognitio est" (Qu. n. sc. 40). Und: „Cognitio omnis a sensu trahitur. Ultra haec omnia confusio, dubitatio." Es ist ihm also Bedürfnis, in die Prüfung der Sinne und der Sinneserkenntnis näher einzutreten. Sanchez kann den Satz, dass alle Erkenntnis aus den Sinnen stamme, nicht von sich weisen. Er erkennt ihn an. Aber trotzdem ist er sehr weit von Bacons empiristischem Dogmatimus entfernt, der durch die Sinne und ihre Erfahrung zur Wahrheit und Gewissheit über alle Dinge gelangen zu können vermeint. Sanchez will zweifeln und eingehend prüfen. Aber, unter dem Einfluss des Neuplatonismus stehend, von vornherein überzeugt, dass Sinneserkenntnis oder Erfahrung uns gar keine Erkenntnis vom Wesen der Dinge, von den Dingen an sich, geben kann (Sensus solum exteriora videt, nec cognoscit) und ganz unzulänglich mit den wissenschaftlichen Hilfsmitteln versehen, welche die vorgenommenen Untersuchungen erheischt hätten, konnte er auch auf diesem Wege sich nicht über seinen Skepticismus erheben. Trotzdem gelangte er, wenigstens annähernd, zu Resultaten, die nicht nur der erste Schritt waren, der zum theoretischen Idealismus führen sollte, sondern die uns sogar schon an die exakten Bestimmungen der heutigen Wissenschaft erinnern können.

Unter den Sinnen interessiert Sanchez vor allen der Gesichtssinn, als der vollkommenste für die Auffassung der äussern Welt. Sanchez findet, dass dieser oberste und höchste Sinn, der doch alle andern an Genauigkeit und Fähigkeiten weit übertrifft, den grössten und mannigfaltigsten Irrtümern unterworfen ist. Der Skeptiker kommt nun auf eine ganze Reihe von physikalischen Beobachtungen und selbst Experimenten zu sprechen, besonders auf dem Gebiet der Strahlenbrechung durch Medien, wie auf den bekannten Fall mit der Münze in der Schüssel, die aus der nämlichen Entfernung, wo sie soeben nicht mehr gesehen werden konnte, wieder gesehen werden kann, nachdem das Gefäss mit Wasser gefüllt wurde. Auf dem Gebiet der Strahlenreflexion begegnet er ähnlichen Rätseln. Er unterzieht die Natur der Spiegel seinen Untersuchungen und seinem ernstesten Nachdenken. Noch andere optische Erscheinungen frappieren ihn; er berührt die Thatsache, dass man von zwei hintereinander vor das Gesicht gehaltenen Fingern den zweiten doppelt sieht, wenn man den ersten fixiert und umgekehrt; ferner, dass sich Täuschungen ergeben bei schiefgedrückten Augen, bei rück- und seitwärtsgebogener Rumpfhaltung u. s. w. Er kommt dann auf alle die zahlreichen Erscheinungen zu sprechen, die ihm aufgefallen sind, über Farbenspiegelung und Farbentäuschung, dass wir z. B. in einem Glas Wasser, in das die Sonne scheint, Farben sehen, obwohl wir überzeugt sind, dass nach unserer sonstigen Vorstellung von Farbe in dem Glas jetzt gar keine Farbe enthalten ist. Er erinnert daran, dass wir an dem Hals der Ringeltaube, je nachdem wir den Kopf wenden, an der nämlichen Stelle jetzt diese, dann eine andere Farbe sehen; dass uns ein und derselbe Gegenstand bei Nacht anders gefärbt erscheint als bei Tage. (Qu. n. sc. 60 ff.) Es ist sehr natürlich, dass sich ihm hier die Frage aufdrängt, welche von den verschiedenen Farben dem Körper nun wirklich innewohnt; oder ob ihm, da wir ihn ja unter verschiedenen Farben wahrnehmen, **überhaupt eine davon wirklich angehöre, ob überhaupt eine ihm thatsächlich anhafte?** Man sieht, Sanchez steht hier vor einem der weittragendsten und folgenschwersten Probleme der modernen Philosophie und Wissenschaft.

Mit seinen Betrachtungen über die Wärme geht es ihm nicht anders, als mit der Farbe. Er kann nach der Annahme, dass dasselbe Wasser entweder kalt oder warm sei, d. h. dass nach dem Satz des Widerspruchs nicht beides zugleich sein könne, nicht begreifen, wie es nun doch für die eine Hand, die aus Eiswasser kommt, warm, und für die andere, die aus heissem Wasser herkommt, zu gleicher Zeit kalt ist. „Quid ergo caliditas?" ruft er aus. „Quid frigiditas?" Es macht einen eigentümlichen Eindruck, wie Sanchez alle diese Erscheinungen fast mit einer Art Gespensterfurcht vor den Richterstuhl seiner Vernunft citiert. Er weiss sie nicht zu erklären. Er kommt auch nicht zu dem klar gedachten, bewussten Gedanken, dass diese optischen und anderen Eigenschaften gar nicht etwas den Körpern Eigentümliches sind, sondern nur unsere eigenen Wahrnehmungsweisen. Er wäre sonst kein Skeptiker; er hätte sonst ein Resultat der Erkenntnis gewonnen gehabt, das er selber als ein hochwichtiges hätte anerkennen müssen. Da wäre sein Skepticismus überwunden gewesen. Also den letzten Schritt hat Sanchez nicht gethan; die letzte Consequenz, die ein posititves Resultat gewesen wäre, hat er nicht gezogen. Aber durch seine klare Einsicht davon, dass die Eigenschaften, so wie unsere Sinne sie wahrnehmen, nicht ein in den Dingen Seiendes und die Dinge Bestimmendes sein könnten; durch diese Einsicht, die platonisch aussieht und für Sanchez gar nicht neu zu sein scheint, die aber bei ihm einen ganz andern Sinn hat, als bei den Platonikern, da Sanchez, im Gegensatz zu diesen, der Überzeugung ist, dass die Dinge eben nur auf dem Wege durch die Sinne zur menschlichen Erkenntnis kommen könnten (und nicht durch angeborene Ideen derselben (p. 68): — durch diese Einsicht hat Sanchez die Consequenz der Deskartes-Hobbes-Locke'schen Lehre von der Subjectivität der sogenannten sinnlichen Qualitäten der Dinge nahe gelegt. Das ist Sanchez'. Bedeutung. In diesem Sinne darf er als der erste Anreger gelten nicht nur der idealistischen oder phänomenalistischen Richtung, welche die tiefsten späteren Systeme nach ihrer metaphysischen Seite hin charakterisiert, sondern auch jener eigentümlichen Fassung und Ausbildung der von sinnenphysiologischen und psychologischen Betrachtungen ausgehenden, im Kantischen Kriticismus kulminierenden Erkenntnislehre, die der Stolz und die Stärke der modernen Philosophie ist.

Alle Elemente, aus denen heraus die moderne Philosophie sich entwickelt hat, alle ihre Hauptrichtungen finden sich schon in Sanchez angedeutet. Er ist nicht nur, wie oben hervorgehoben wurde, der Vorläufer Dekartes' mit Rücksicht auf dessen „cogito ergo sum" und jener Philosophie, die die Welt der Erfahrung als objektiv real leugnet; es ist fast evident, dass auch Bacon der Philosoph des „spes una in inductione vera", der, wie aus seinen polemischen Äusserungen hervorgeht, die Skeptiker genau kannte, nicht nur in seinen negativen Elementen, als Polemiker gegen syllogistisches Denken und den vermeintlichen Aristoteles, sondern auch in der positiven Richtung, die ihn zu seinem ausgeprägten Empirismus führte, bedeutend durch Sanchez angeregt wurde. Denn das, was dem Novum Organum als hauptsächlichstes positives Prinzip zu Grunde liegt, die Forderung der Naturbeobachtung, des Experiments und der Induktion, kann man nirgends ausdrücklicher betont finden als bei Sanchez. „Qui recte judicare vult, res contempletur (p. 88). Duo sunt inveniendae veritatis media.... Ea vero sunt experimentum judiciumque, quorum neutrum sine alio stare recte potest." Damit stimmt indes auch Deskartes überein. Ja es scheint geradezu eine freie Übersetzung des Satzes von Sanchez zu sein, wenn er in den „regulae", wovon ich leider den lateinischen Urtext nicht vor mir habe, sagt, „qu'il n'y a que deux voies ouvertes à l'homme pour arriver à une connaissance certaine de la vérité, l'intuition évidente, et la déduction nécessaire" (p. 278). Im Princip sehen wir demnach Sanchez, Bacon und Deskartes übereinstimmen. Aber sie gehen sehr auseinander in der Anwendung desselben. Sanchez findet beide Mittel gleich unsicher, gleich unzulänglich, und hat nichts eiligeres zu thun, als auch durch diese Überlegungen wieder auf sein Resultat, quod nihil scitur zurückzukommen. Er bleibt deshalb auch hier innerhalb der Grenze des Negativen stehen. Bacon und Deskartes befinden sich in dem gemeinschaftlichen Gegensatz zu ihm, dass sie zu den beiden konstatirten Erkenntniswegen Vertrauen haben. Sie unterscheiden sich aber bekanntlich selber wieder von einander dadurch, dass der erstere, ausdrücklich sowohl wie thatsächlich, auf die Induktion (Experiment), der letztere aber auf die Deduktion in Verbindung mit der Synthese auf Grund der Intuition (more geometrico) das Hauptgewicht legt. Indessen lässt sich vielleicht nicht nur auf Bacon und Deskartes, sondern sogar auf Locke ein unmittelbarer Einfluss Sanchez' nachweisen. Wenigstens ist eine Stelle in Sanchez sehr frappant. Einen der Hauptzüge der Lockeschen Psychologie, ja gewissermassen das Grundprincip derselben bildet dessen Dreiteilung der Vorstellungen, nicht jene in Vorstellungen primärer, sekundärer und tertiärer Eigenschaften, sondern jene in Vorstellungen, die wir erstens aus den äussern Sinnen haben (sensation), zweitens solche, die wir gewinnen durch ein Aufmerken auf innere Vorgänge in uns (reflection), und endlich in solche, die aus beiden fliessen („Ideas of both sensation and reflection").

„External objects furnish the mind with the ideas of sensible qualities, which are all those different perceptions the produce in us; and the mind furnishes the understanding with ideas of its own operations." Nun sagt Sanchez wörtlich: „Tria tamen sunt quae a mente diversimodo cognoscuntur. Alia omnino externa sunt, absque omni mentis actione. Alia omnino interna quorum quaedam sine mentis opera sunt, alia non omnino sine hac; alia partim externa partim interna. Deinde illa se per sensus produunt; ista nullo modo per hos, sed immediate per se; haec denique partim per hos, partim per hos, partim per se" (a. a. O. p. 56).

Sanchez Hauptwerk, „Quod nihil scitur" ist ein kleines Büchlein von kaum hundert grossgedruckten Oktavseiten und hat einen fatalen Titel; aber es enthält, wie aus dieser Darstellung hervorgehen mag, trotz vieler voluminöser Folianten, an denen auch seine Zeit nicht arm ist, ganze Nester fruchtbarer, entwicklungsfähiger und, wie wir wissen, wirklich zur Entwicklung gelangter Gedankenkeime. Es dürfte deshalb gerechtfertigt sein, wenn wir uns bei Sanchez, der im allgemeinen zu wenig berücksichtigt zu werden scheint, etwas länger verweilt haben. Gerkrath hat in seinem Werkchen über Sanchez („Fr. Sanchez, Ein Beitrag zur Geschichte der philosophischen Bewegungen im Anfang der neuern Zeit. Wien 1860") eine ziemlich ausführliche Darstellung des Lebens, des Charakters und der Lehre unsers Philosophen gegeben, die geeignet ist, die wärmsten Sympathien für ihren Helden zu erwecken. Allein Sanchez' Stellung in der Geschichte der modernen Philosophie und sein Verhältnis zu Bacon und Deskartes ist trotzdem nicht genug präcisiert und seine Bedeutung für den ganzen Gang jener Entwicklung nicht hinreichend gewürdigt. Besonders sind die beiden entscheidenden Richtungen seines Denkens, durch die er gerade Bedeutung hat für die Geschichte der Philosophie, seine Ansichten von der formal-logischen (syllogistischen) Methode und die Ergebnisse seiner Reflexionen über Sinneserkenntnis, in dem breiten Gang der Analyse zu wenig hervorgehoben, besonders die letztere. Von einem Zusammenhang Sanchez' im letzteren Punkte mit der für die ganze moderne Weltanschauung entscheidend gewordenen Sinnen-Erkenntnis-Theorie bei Deskartes, Hobbes, Locke findet sich noch nicht die leiseste Andeutung.

3.

Zwei charakteristische und für die Folgezeit wichtig gewordene Lehren Deskartes', die von der ursprünglichsten Gewissheit im Selbstbewusstsein, und die von den Sinnesqualitäten sind es, die zuerst von Sanchez berührt wurden. Aber Sanchez ist nicht der einzige, der hierin mit Deskartes in vergleichende Betrachtung gezogen zu werden verdient. Es ist noch ein anderer, der diesen Problemen nahe kommt und deshalb in der Entstehungsgeschichte dieser ganzen Richtung eine nähere Berücksichtigung erheischt. Es ist dies der Italiener Tommaso Campanella (1568—1639). Auch von ihm kann man sagen, dass er, wenigstens mit einem Fuss, bereits den Boden des modernen Denkens betreten hat. Campanella kann nun zwar nicht als Vorgänger Deskartes' betrachtet werden. Seine Werke erscheinen 1637; die hier hauptsächlich in Betracht kommende Methaphysik erst 1638. Deskartes' Disc. d. l. Méth. und Dioptrik, die beiden Schriften, die schon jene gedachten Theorien enthalten, erscheinen ebenfalls 1637. Aber auch umgekehrt konnte Deskartes nicht von Campanella beeinflusst sein.

Um so auffallender ist der nicht zu verkennende **Parallelismus** in dem Gedankengang beider Philosophen. Diese Übereinstimmung wird um so auffallender bei der Betrachtung der **grossen Gegensätze** beider in Charakter und Schrift: **dort der hochpoetische, feurige** Calabreser, in dessen mächtiger Phantasie die Gedanken zu überraschenden Bildergestalten werden, **der, verwandt** dem Geiste eines Bernard von Clairvaux, seinen philosophischen Gedanken, neben der systematischen Darstellung, in schwungvollen Hymnen und Cantaten Ausdruck giebt; auf der andern Seite der ruhige, klare, besonnene Mathematiker. Campanella ist in seinem Denken noch so schwärmerisch ausschweifend, in seiner Auffassung der Welt und der Natur noch so phantastisch, und in seiner Darstellung noch so unwissenschaftlich, poetisch überschwänglich und mit so viel scholastisch mittelalterlichem Ballast umgeben, dass der bestimmende Einfluss seiner Gedanken dadurch sehr geschwächt wurde. Namentlich musste er von Deskartes, der alle den Fehlern Campanella's entgegengesetzte Tugenden besass, weit überholt werden. Sein Denken an und für sich liegt so gut wie das des Deskartes in der modernen Richtung. Dies zeigt sich schon darin, wie er mit Petrus Ramus, Sanchez u. a. nicht nur gegen den mittelalterlich-scholastischen, sondern gegen Aristoteles überhaupt in der energischsten Weise Front macht.

Zwei Momente sind es, die wie ein roter Faden das moderne Denken durchziehen und sein eigentlichstes Wesen bestimmen, die sich in Campanella schon deutlich zeigen und ihn zu einem Modernen stempeln. Das ist erstens der Zweifel an den Resultaten einer fast ausschliesslich auf dem Wege rein formaler, rein logischer Verstandesfunktionen zu Stande gekommenen Philosophie und an der Zulänglichkeit dieser Funktionen und der menschlichen Vernunft überhaupt, verbunden mit der kritischen Forderung einer strengen Prüfung des Geschäftes der Vernunft und der eines zweifelfreien (rationalistischen) Ausgangspunktes alles Denkens. Das zweite ist ein Rekurrieren von der rein diskursiven Denkweise, von der ausschliesslich deduktiven Methode des Philosophierens auf die Sinneserkenntnis, auf die Erfahrung, an die sich gleichermassen wieder der Zweifel heftete. Bacon gibt in der oben erwähnten Polemik gegen die Skeptiker eine präcise Formulierung dieses Verhältnisses. „Die Weise derer," sagt er, „welche den Zweifel festgehalten haben, und unser Weg stimmen in ihren Anfängen gewissermassen überein; aber in dem Ausgange trennen sie sich sehr weit und gehen in entgegengesetzter Richtung auseinander; jene sagen schlechtweg, dass nicht gewusst werden könne; wir, dass nicht viel auf dem bisher üblichen Weg gewusst werden könne; jene vernichten das Ansehen des Sinnes und des Verstandes; wir sinnen auf Hilfsmittel für denselben" (a. a. O.).

In Deskartes und Bacon treten die beiden Richtungen schon getrennt auf. In Campanella liegen sie, wiewohl weniger deutlich entwickelt, oder vielleicht gerade desshalb, noch neben einander. Dieser steht dem Skepticismus näher; jene sind bereits beim Dogmatismus angelangt. Beide erwähnte Denkrichtungen, kritisch in ihrer innersten Natur und gleichsam die ersten Wurzeln des späteren eigentlichen Kriticismus, liegen zusammen schon der dogmatischen Philosophie schöpferisch zu Grunde, so dass die Behauptung nicht allzugewagt erscheinen dürfte, dass sämmtliche dogmatische Systeme der neuern Philosophie aus rein kritischen Bestrebungen und Tendenzen hervorgewachsen sind. Diese Systeme waren auch nur einzelne Haltstationen des aus leisen Anfängen sich heraus entwickelnden und emporringenden Kriticismus. Einmal die Forderung eines zweifelfreien ersten Erkenntnisprinzipes aufgestellt, konnte man wohl eine Zeit lang glauben, ein solches gefunden zu haben. Wie aber, wenn man, was nicht ausbleiben konnte, an diesem wieder zweifelte? Wo stand man dann? Antwort: Vor der Frage nach der Möglichkeit einer jeden Erkenntnis überhaupt, d. i. vor dem Kant'schen Kriticismus. Dass Campanella schon in dieser Entwicklungsreihe des modernen Gedankens innen steht oder wenigstens am Anfang derselben, zeigt ein Einblick in seine Werke.

Stärker als irgendwo tritt bei Campanella immer und immer wieder die Forderung hervor eines einstweiligen radikalen Zweifels, bis ein Satz gefunden sei, von dem aus die ganze Philosophie neu angefangen werden könne. Mit Deskartes stimmt Campanella nicht nur in der Aufstellung dieser Forderung, sondern auch in der Art ihrer Lösung, bis auf den Satz, den er als sichern Ausgangspunkt gefunden zu haben glaubte, überein. Es ist die Thatsache von der unmittelbaren Gewissheit des Selbstbewusstseins. Auch für Campanella ist dieser Gedanke nicht neu. Bekanntlich findet er sich schon bei Augustinus. Campanella hat noch nach der Art der Scholastiker die Gepflogenheit, alle Welt zu citieren und erst alle möglichen Autoritäten für und wider gegeneinander ins Feld zu führen, bevor er mit seinen eigenen Gedanken herausrückt, eine Manie, die unmittelbar nach ihm, im Bewusstsein einer von allem Autoritätsglauben sich losringenden Zeit, in das gerade Gegentheil umschlug. Er führt Augustinus wörtlich an. Und auch hier möge die Stelle folgen. Campanella ist im Gegensatz zu den antiken Skeptikern (den jüngern Akademikern) überzeugt, dass die Zweifel zu überwinden sein müssen. Er fährt fort: „— — contra Academicos convincit Augustinus in XI de civ. Dei, c. 24, 25, 26, ubi certissima esse, inquit, haec tria nobis videlicet, nos Esse, Scire et Velle. Nam, inquit, nos esse novimus absque dubio et falsitate, ac nostrum esse diligimus ac nosse: et in his tribus nulla nos falsitas verisimilis turbat, si quidem circa illa objecta erramus, quorum notitiam habemus ex illorum speciebus aut motibus illatis ab ipsis: qui cum similes sint aliis, possunt nos decipere ut unum pro alio accipiamus, vel quia non totaliter repraesentant. At nostri Esse, nostrique Scire, nostrique Velle, nulla est species aut motio phantastica, sed praesentia perennis. Itaque circa heac falli non possumus" (Met. 32). Es ist nicht unmöglich, dass auch Deskartes durch Augustin zu seinem so viel genannten Satze geführt worden ist. Die starke Verwandtschaft der ganzen Deskartes'schen Denkrichtung mit der Platonisch-Augustinischen lässt es sogar sehr wahrscheinlich erscheinen. Aber die obige Stelle, die sehr interessant ist, zeigt zugleich, welchen grossen Schritt, oder besser, welchen bedeutenden Gedankenfortschritt Deskartes machen musste, um zu seiner Formulierung dieses Gedankens zu kommen.

Der entscheidende Fortschritt in der Deskartes'schen Formulierung aber und ihr bedeutendster Unterschied von den vorhergehenden besteht in der Betonung des „cogitare" gegenüber dem „velle, nolle, optare, fugere" und den andern seelischen Funktionen. Wenn es nun auch ganz unrichtig ist, das kartesianische „cogito" mit dem engen „ich denke" zu übersetzen, indem Deskartes ausdrücklich alle seelischen Funktionen darunter verstanden haben will (op. I. 10), so ist doch auf der andern Seite nicht zu verkennen, dass das „cogitare" bei ihm prävaliert, und das mit Recht; denn es muss, ausgesprochen oder unausgesprochen, bei jeder bewussten Funktion mit dabei sein; denn es bedingt das Bewusstsein des Vorstellens im Gegensatz zum Bewusstsein der Vorstellung; darum nicht „volo", nicht „repugno", nicht „opto", nicht „puto", nicht „sentio", sondern „cogito ergo sum". Dass übrigens Deskartes' Fassung des „cogitare" keine ganz klare war, zeigt am besten Lockes Polemik gegen Deskartes' Auffassung von der immer denkenden Seele.

Die Verwertung dieses Satzes und der sich daran schliessende Gedankengang ist indes ganz der gleiche bei Campanella wie bei Deskartes. Aus der Gewissheit des Selbst schliesst Campanella auf die Gewissheit der Existenz Gottes, dessen Idee, die wir in uns vorfinden, nicht von uns selber, als von endlichen Wesen herrühren kann, sondern von dem unendlichen Gott selbst in uns gelegt sein muss. Ein Vergleich mit den Meditationen Deskartes', speciell mit der dritten, zeigt, dass die Ähnlichkeit, man kann sagen Übereinstimmung beider nicht grösser sein könnte.

Mit seinem (psychologischen) Gottesbeweis stellt sich Campanella eigentlich auf den Standpunkt der Annahme von angeborenen Ideen. Daneben steht nun ganz unvermittelt sein Sensualismus. Göttliche Ideen sind uns angeboren: die weltlichen Dinge erfahren wir durch unsere Sinne und nur durch diese. Die von den Philosophen eben jener Periode häufig vertretene Lehre von einer zweifachen Wahrheit ist gewissermassen ein Analogon hierzu. „Neque propterea negamus ideas," sagt er und fährt dann fort: „Participationes autem divinae entitatis sunt ideae, ut infra docebimus et scientia Angelorum est per has ideas, sed non quasi formulas, domus, cytherae, anuli, quae si sunt et in anima, profecto omnis cogitatio fiet per excitationem a sensibus in lumine diuinitatis, cuius particeps anima cognationem habet cum eis" (Met. p. 44). Campanella's Sensualismus tritt in den betreffenden Partien seines Werkes so schroff auf als irgendwo. An dieser Stelle indes scheint der Platonismus bedeutend zu prävalieren. Man darf nicht vergessen, dass sein Denken sich streng an die religiöse Richtschnur hält. „Quopropter voluntas veritatem agnoscere de humanis et divinis rebus ad doctorem confugere oportet indubitata fide dignum, et non invenimus talem nisi Deum." Indes kommt der Sensualismus dabei nicht zu kurz. Der letztere Satz war, man sollte es kaum vermuten, sogar schon die Wendung dazu. „Deus autem duobus ad nos loquitur viis, nempe vel res ipsas producendo, vel revelando humano..." (Met. p. 2). Von Antonius, Bernardus und Chrysostomus sagt er: „Mundum vocant Dei codicem: et," fährt er fort, „profecto sic est, quoniam hic Deus scribit omnes conceptus suos." Aus diesen Prämissen entwickelt sich ihm von selbst seine Erkenntnislehre und Psychologie: „Hunc autem," geht es nach einigen Sätzen weiter, „codicem legimus et discimus per sensus exteriores, et ex sensationibus multis fit memoria, quae anticipatarum sensationum est conservatio, ex memoriis experimentum." Das ist Sensualismus, ausgeprägter Sensualismus. Man glaubt fast einen Condillac zu hören: und doch macht Campanella gerade hier den Versuch, die beiden feindlichen Elemente seines Denkens, Platonismus und Sensualismus, mit einander auszusöhnen, zu vereinigen. Aber wie in obiger Stelle der Schwerpunkt im Platonismus liegt, so hier im Sensualismus.

„Ecce enim S. Augustinus et Lactantius negant exstare antipodas et sunt sapientes et sancti. Christophorus Columbus navigans in alterum hemisphaerium testatur, exstare antipodas, utri credendum est? Profecto Columbo testi per sensum ex libro Dei, non Augustino opinanti de schola humana" (Met. p. 3). Würde man diese Stelle nicht eher in Bacon suchen, als bei Campanella? Und erst, wenn er sagt: „Propositiones universales a sensu accepimus per inductionem" (a. a. O.)! Oder von den „universalibus regulis, Nunquam veras (eas) dicimus, nisi fuerint a sensibus approbatae, et cum obliviscimur, aut dubitamus, denuo ad sensum recurremus, consolentes Codicem Dei".

Sätze wie die folgenden: „Nec intellectus intelligit quidditatem, quae non sentitur, nihil est in intellectu, quod prius non fuerit in sensu (Met. p. 7). Nihil enim scit (vid. mens) quod non senserit", (Met. p. 57) sind deshalb für Campanella selbstverständlich. Soweit indes Campanella von der dogmatischen Methode eines reinen Rationalisten wie Deskartes, mit dem er im Grundprinzip ja übereinstimmt, sich entfernt hält, und vielmehr den Glauben an die Stelle der höheren Vernunfterkenntnisse treten lässt, wenigstens diese Sätze, wenn er sie auch Erkenntnisse nennt, als Glaubenssätze behandelt, so entfernt bleibt er, gleich Sanchez, dem entwickelten empiristisch-dogmatischen Denken. Der Satz „Sensus autem testatur de rebus uti sunt" sieht sehr verdächtig aus. Allein er ist wohl in einem sehr restriktiven Sinne zu nehmen. „Sensus autem testatur de rebus uti sunt, imaginatio vero uti nos putamus esse; itaque autoritas opinantium nulla est contra testes." In diesem Zusammenhang klingt er schon anders, und aus weiterer Vergleichung wird es bis zur Evidenz klar, dass wir auch hier nicht mehr und nichts weniger haben, als die bei Sanchez, Bacon, Deskartes u. a. gleichmässig auftretende Opposition gegen Autoritätsglauben und die falsche Schätzung und Überschätzung der schliessenden Erkenntnisthätigkeit, gegen den Syllogismus. Nur, „si utrique opinantes, credendum est sanctiori, si tamen alter non meliores offert syllogismus" (a. a. O.) Das also war des Pudels Kern!

Campanella verwahrt sich ausdrücklich gegen die Meinung, als ob wir durch Sinneserfahrung vom Wesen der Dinge etwas erfahren könnten. Wiederholt betont er in diesem Sinne, dass wir nichts wissen und nichts wissen können. „Qui vero dicunt se scire hoc quod nihil scitur, rectus sapere" (Met. p. 30). Es ist deshalb nicht zu verwundern, wenn er trotz seines Sensualismus Platon beistimmt, dass es durch die Sinne und von Sinnendingen keine Erkenntnis gebe, sondern nur Meinungen und Täuschungen: Non esse scientiam de sensibilibus sed opinionem, quoniam alliis aliter apparent, et sapores, et odores, et colores, et pondera, et soni, et calor et frigus. Immo aliter sensibus brutorum ac nostris, et aliter nostris sanis quam aegris, et vigilantibus quam dormientibus (Phy. 3).

Also auch in Campanella dieses eigentümliche Zusammensein von Sensualismus und Platonismus. Aber Campanella wird kein Skeptiker. Den Zweifel um seiner selbst willen verwirft er sogar als etwas Unmoralisches. Campanella glaubt an die Möglichkeit menschlicher Erkenntnis. „Haec dubitatio imperfectionem scientiae humanae ostendit, non autem nihilitatem." Er glaubte ja, wie wir gesehen haben, im Satz vom Selbstbewusstsein bereits eine sichere Gewissheit gefunden zu haben, nicht weniger in der sich ihm daraus durch den psychologisch-ontologischen Schluss ergebenden Gewissheit von der Existenz Gottes. Wie aber nun mit den Dingen der äussern Welt? Campanella's sensualistischer Standpunkt ist der, dass wir von diesen nur durch die Sinne wissen können: darum heissen sie ja sinnliche Dinge. Nun ist sich Campanella allerdings noch nicht wie Hobbes, Malebranche und Berkeley der Schwierigkeit jenes Problems bewusst, wie der Geist als ein Denkendes die aus gedehnten Körper fassen möge, indem ja eine ungeheure Kluft beide zu trennen scheint; aber es ist ihm doch schon durch die platonische Philosophie, die das Denken des Antiaristotelikers sehr beherrscht, zur unzweifelhaften Gewissheit geworden, wie ja oben gezeigt wurde, dass unsere Sinne nicht die Dinge an sich zu erkennen vermögen. Dass, wie Hobbes sich ausdrückt, „the introduction of species visible and intelligible passing to and fro from the object, is worse than any paradox, as being a plain impossibility (Hu. N. p. 4), hatte schon Campanella klar erkannt.

Die Ansichten des in der Form der Darstellung seiner Gedanken noch sehr scholastischen Dominikaners über diesen Punkt sind um so interessanter, als sie uns später zu einer Vergleichung mit denen des viel moderneren Locke Veranlassung geben werden. Campanella prüft die verschiedenen Theorien, die über diesen Gegenstand aufgestellt worden sind. Zunächst will er die nicht mehr naturgesetzlichen, zu einem unmittelbaren göttlichen Akte greifenden Erklärungsweisen ganz ausgeschlossen haben. „Nos quaerimus Physiologismum in quaestione naturali, non miraculum: quod in naturalibus etiam sanctus Augustinus" — eine Autorität muss bei Campanella immer noch herhalten — „quaeri non debere docet. Nec enim Deus in singulis intellectionibus et sensationibus miraculizat supra naturae vires inoperans." Die „species visibiles" des Aristoteles, gegen den er immer in erster Linie und besonders eifrig polemisiert, verwerfend, bemerkt er, dass Aristoteles und seine Anhänger nicht erklären, „quomodo (sensus) afficiatur speciebus, et deferat eas?" „Quapropter," fährt er fort, „Galenus spiritum extra oculum educit, ut videre possit: Sed imperite, ut in Phys. docuimus. Quis enim retinebit eum, flante vento? et ne per se evolet in caelum?" Das ist ja prächtig. Hören wir weiter: „Democritus tandem simulacra defluere a lapide, et in sensum agere putat, esseque corporeos atomos in tali figura volantes. Sed cur, inquam, a ventis non impelluntur, cum praeterfluunt? et cur conspectus lapis non deficit, si tot spoliis continuo privatur, ut ipse ponit? (Met. p. 43. Vgl. Phys. p. 460.)

Campanella's Einwände mögen hie und da etwas sonderbar klingen; das wird man zugeben, dass sie geeignet waren, mehr und mehr in ihm die Überzeugung zu befestigen, dass es „impossibile esse simulacra Corporea Democriti et incorporea Peripateticorum, ex rebus educi et ad sensus deferri" (a. a. O). Diese Überzeugung musste in ihm den Widerspruch, die Dinge, wie sie an sich sind, nach ihrer eigensten Wesenheit durch die Sinne erkennen zu wollen (welches die einseitige Consequenz des Sensualismus ist), nur um so greller zeigen. Die prästabilierte Harmonie war aber bekanntlich noch nicht erfunden.

Wir haben gesehen, wie Sanchez an diesem Punkt im Skepticismus stecken geblieben ist, weil er aus diesen negativen Instanzen die Consequenz, die ein positiver Anhaltspunkt gewesen wäre, nicht zu ziehen vermocht hat. Campanella hat sie gezogen. Das Resultat ist allerdings kaum etwas anders als eine bestimmtere, begrifflichere, oder besser begreiflichere Formulierung der Platonischen Lehre von einem $\mu \dot{\eta}$ ὄν, von der Nichtigkeit und Schattenhaftigkeit der Welt der Erscheinungen. Er drückt sich klar aus: „Nos autem diximus modicam immutationem sufficere ad sensationem" (Met. p. 43). Und noch frappanter: „Nullus enim sensus sentit rem sicut est, sed sicuti afficitur" (Met. pag. 11. Vgl. auch Met. p. 6 u. Phy. p. 460). Es hiesse den Sinn eines Schriftstellers und die Gedanken einer Zeit gänzlich verkennen, wollte man diese Sätze Campanella's, wie auch ähnliche aus Sanchez (nihil sciri potest quin sit in nobis (Qu. nih. sc. p. 2, oder: „Nec enim perfecte cognoscere potest quis, quae non creavit" p. 53) in der nämlichen Bedeutung nehmen, wie gewisse Sätze Kant's, mit denen sie dem Wortlaut nach ziemlich übereinstimmen. So viel aber dürften die angeführten Stellen beweisen, dass mehr noch, als durch die Skeptiker, resp. Sanchez, durch Campanella die Lehre von der Subjectivität der sinnlichen Eigenschaften vorbereitet wurde.

4.

Mit vollem Bewusstsein und mit aller Klarheit hat dann, und zwar zuerst, Deskartes diese Lehre dargestellt. Sanchez und Campanella sind ihre ersten Veranlasser; Deskartes ist ihr eigentlicher Urheber. Wenn behauptet wird (Lewes, Gesch. d. Ph. II. 241 u. Halam, Lit. Europ. III. 157), dass, wenn man Deskartes die Erfindung nicht streitig machen wolle, es doch feststünde, dass Hobbes dieselbe zuerst veröffentlicht habe, so ist kaum zu begreifen, wie eine solche Behauptung bewiesen werden könnte. Deskartes' Dioptrik, die hauptsächlich für die fragliche Lehre in Betracht kommt, erschien mit dem Disc. de la Met. im Jahr 1637, die Meditationen aber 1641, nachdem Hobbes sie schon 1640 zu Paris gelesen hatte. Vor 1642 erschien überhaupt nichts von Hobbes. (Vgl. Natorp, „Deskartes' Erkenntnistheorie" S. 188.) Also ist obige Behauptung grundlos, auch wenn man, wie es dort zu sein scheint, nur auf die Meditationen Rücksicht nimmt, während doch, wie gesagt, die Dioptrik in dieser Frage weit entscheidender ist. (Diop. I. 4, 5 p. 42 ff. u. IV. 6, 7 p. 56 ff.) Es ist demnach sogar äusserst wahrscheinlich, dass Deskartes gar nicht ohne Einfluss auf Hobbes war.

Durch diese Lehre wurde Deskartes, der als Begründer des dogmatischen Rationalismus so gross ist, zugleich der Anreger von Hobbes und Locke, den beiden berühmten Begründern des Sensualismus, trotzdem man gewöhnlich annimmt, dass nur in Bacon die Impulse und Möglichkeiten dieser Richtung lägen.

Bei Deskartes treten indes die einschlägigen Gedanken nur mehr wie gelegentlich auf, obwohl sehr bestimmt und sehr nachdrücklich: „Non necessarium esse supponere, materiale quidpiam ex objectis ad oculos nostros manare, ut lumen et colores videamus;

neque quidquam in istis objectis esse, quod simile sit ideis quas de iis mente formamus." (Op. II. p. 43.) Hobbes, in dessen theoretischer Philosophie die erkenntnis-theoretische Tendenz vorherrscht, behandelt sie schon mehr ihrer selbst willen, und hebt das Entscheidende mehr heraus. Er schrieb eben auch nach Deskartes. Interessant ist die zweifache Begründung seiner Sätze. Zunächst sind es erkenntnistheoretische Überlegungen, die ihn darauf bringen. Er sagt so: „Because the image in vision consisting of colour and shape is the knowledge we have of the qualities of the object of that sense; it is no hard matter for a man to fall into this opinion, that the same colour and schape are the very qualities themselves." Wenn nun aber, wie Hobbes in der schon weiter oben angeführten Stelle fortfährt, die Einführung sichtbarer und erkennbarer Wesenheiten (species) — „wich is necessary for the maintenance of that opinion" —, die vom Object zum Subject gehen, schlimmer als Widersinn ist, weil eine bare Unmöglichkeit, so folgen für Hobbes daraus folgende vier, die ganze Lehre deutlich präcisierende Sätze:

„That the subject wherein colour and image are inherent, is not the object or thing seen."

„That there is nothing withaut us (really), wich we call an image or colour."

„That the said image or colour is but an apparition into us of the motion, agitation, or alteration, which the object worketh in the brain, or spirits, or some internal substance of the head."

„That as in vision, so also in conception that arise from the other senses, the subject of their inherence is not the object, but the sentient."

Die nämlichen Gedanken wiederholen sich im Wesentlichen im Leviathan. (Vgl. c. I.)

Diese, auf dem Wege der angeführten Überlegungen gewonnenen Überzeugungen sollen nun auch induktiv bewiesen und an der Hand der Erfahrung klargelegt werden. Es ist interessant, dass Hobbes bei diesem Geschäft auf alle die Fälle (oft die nämlichen Beispiele wählend, wie etwa das vom doppelten Objekt bei der Spiegelung oder beim kranken Sehen) wieder zu sprechen kommt, nur in weniger breiter Ausführung, welche auch von Sanchez, Campanella und teilweise auch von Deskartes ins Feld geführt wurden, alle die Beobachtungen, welche Sanchez zuerst stutzig machten und

Campanella zu einer noch wenig bewussten, unklaren und halben Erkenntnis führten, die dann in Deskartes mit vollem Bewusstsein, verbunden mit der ganzen Klarheit der Begründung, auftritt, bis sie in Hobbes endlich ihre glücklichste Formulierung und ihren erschöpfendsten Ausdruck fand. Mit Hobbes ist daher diese Theorie, die wir am besten als die Lehre von der Subjektivität der sinnlichen Eigenschaften bezeichnen, an sich vollständig ausgestaltet. Es ist ein Schritt — nur ein Schritt — aber ein fertiger, ganzer, eine erstiegene Stufe auf der Leiter der Erkenntnisse. Hobbes bildet einen Abschluss in der Gedankenentwicklung, die in ihren Hauptzügen vielleicht mit einiger Deutlichkeit in diesen Ausführungen dargelegt sein mag.

Die folgenden Zeilen mögen noch kurz andeuten, zu welchen Resultaten die gewonnene Erkenntnis mehr oder weniger direkte Veranlassung gab.

5.

Vorbereitet wurde eine neue Wendung derselben durch Locke. Nicht, dass Locke ihr diese Wendung schon gab; er bot nur die Veranlassung dazu.

Zunächst ist in Locke sogar ein Rückschritt zu konstatieren. Die Originalität Lockes in der Darstellung unserer Lehre besteht bekanntlich in seiner Unterscheidung von „ersten" und „zweiten", von ursprünglichen und abgeleiteten Eigenschaften. Nun soll durchaus nicht gesagt werden, dass diese Einteilung nicht Sinn und Berechtigung habe. Aber die Art ihrer Fassung und besonders ihrer Begründung bei Locke zeigt einen entschiedenen Rückschritt auf, lässt Lockes Denken in diesem Punkt dem von Deskartes und Hobbes nachstehend erscheinen. Ein Eingehen in den Lockeschen Gedankengang soll dies zu zeigen versuchen.

Locke begründet seine Lehre von der Subjektivität der sekundären Qualitäten durch dieselben Beobachtungen, die Sanchez, Campanella und wohl schon manch Andere vorher auch zu Problemen aufgeworfen hatten. Derselbe Körper ist bei Nacht für uns anders gefärbt als bei Tag. Daraus schliesst Locke, dass die Farbe, sowohl die wir bei Tag, als die wir bei Nacht sehen, nicht etwas dem Körper selbst Innewohnendes ist. So hatte auch Hobbes geschlossen. Locke aber, der nun einmal auf eine Einteilung der

Eigenschaften hinaussteuert, ist der Meinung, dass analoge Fälle, die analoge Schlüsse zulassen, nur für seine sekundären Eigenschaften aufgezeigt werden könnten. Die heutige Naturwissenschaft giebt Locke Recht — und sie hat Grund dazu. Denn wenn die primären Eigenschaften als objectiv reale Data bleiben, so kommt die Naturwissenschaft wegen der secundären Eigenschaften nicht in Verlegenheit. Sie erklärt sie einfach als Funktionen der erstern (als Atom-Combinationen und Bewegungen). Wer nun aber auch die erstern als phänomenal auffasst, der scheint den Naturwissenschaften allen Grund und Boden zu entziehen. Diese haben sich deshalb auch immer gegen eine solche Weltauffassung gesträubt. Ob mit Recht oder Unrecht, ist hier nicht zu erörtern. Hier handelt es sich nur um die historische Klarlegung der Consequenzen des Lockeschen Denkens. Und dabei ist nicht zu verkennen, dass Locke die teilweise noch frappanteren Fälle, die seinen gleichen Schluss auch für die primären Eigenschaften erheischt hätten, einfach übersieht. Ganz abgesehen davon, was die spätere Wissenschaft bewiesen hat oder nicht bewiesen hat, aus den Lockeschen Denk-Consequenzen ergiebt sich für uns nur folgende Alternative: entweder ist sein Schluss auf die Phänomenalität richtig — dann gilt er ebensowohl für die primären als die secundären Eigenschaften; oder er ist ganz und gar unrichtig, also auch in Bezug auf die secundären Eigenschaften. Hobbes hatte dies eingesehen. Hobbes hatte constatiert, dass es Fälle giebt, wo wir ein und denselben Gegenstand doppelt sehen, und nun so geschlossen: derselbe Gegenstand kann unmöglich in den beiden Vorstellungen sein. Keine der beiden Vorstellungen prävaliert vor der andern. Also lassen sich Fälle nachweisen, dass wir Vorstellungen haben, die sich von allen andern unsern Vorstellungen in keiner Weise unterscheiden, und die kein reales Object haben können. Wenn die einen so möglich sind, warum nicht alle? Deshalb hatte Hobbes der Gestalt gleicherweise wie der Farbe subjektive Natur vindiziert.

Das that nun, wenn man der Sache genau nachsieht, eigentlich schon Deskartes.

Es ist am Ende wenig Gewicht darauf zu legen, dass Deskartes in den Meditationen wiederholt hervorhebt, wie alle Dinge, die wir als ausser uns vorstellen, leicht wohl nichts sein könnten als eben nur Vorstellungen; und dass nur in der eigentümlichen Verbindung mit dem Gottesbeweis die idealistische Denkrichtung, die in Deskartes stark spuckte, so stark wie nie zuvor, nur hypothetisch verwendet wurde und rasch eine realistische Wendung nahm. Weit mehr in die Wagschale fallend sind seine in den Betrachtungen über Wahrheit und Wesen der Geometrie dargestellten Ansichten über unsere Raumvorstellungen. In Deskartes' Denken zeigt sich Eines sehr wirksam: das ist die in allen seinen Ansichten sich stark geltend machende, ich möchte sagen unbewusste Vorstellung jener Thatsache, die Kant in seiner Lehre vom Raum als **reine Anschauung**, als **reine Form** der Anschauung begrifflich klar formuliert hat. Deskartes findet, dass wir in unsern (mathematischen) Raumvorstellungen vollständig **frei**, aber deswegen nicht willkürlich verfahren können, d. h. gehemmt durch nichts, das ausser unserem Ich wäre oder nicht wäre, aber gebunden an ein uns innewohnendes Gesetz und zwar mit derselben eisernen Notwendigkeit, wie ein Körper in seinem Verhalten an physikalische Gesetze gebunden ist. Findet nun Deskartes, dass diese Vorstellungen, weil sie klar und deutlich sind (nach der uralten, schon der Platonischen Philosophie zu Grunde liegenden Voraussetzung, die auch Deskartes teilt, dass nämlich alles was erkennbar ist, auch sei), dass sie nicht ein „Nichts", sondern dass sie ein Etwas (res) sein müssten, so gründet er darauf, was hier doch nach der Methode der ganzen alten Philosophie nahe gelegt gewesen wäre, keineswegs den realistischen Beweis einer vom Ich verschiedenen ausgedehnten Welt, sondern bleibt auch hier beim Phänomenalismus stehen. Mathematische Vorstellungen sind **wahr**, d. h. sind nicht ein „Nichts"; aber sie brauchen deswegen nicht ausser dem Ich, nicht ausser dem Denken und unabhängig von ihm zu sein. Das gilt im übrigen, in hypothetischer Weise, wie oben hervorgehoben, von allen unsern Vorstellungen. „Invenio apud me inumneras ideas **rerum**, quae etiamsi extra me fortasse **nullibi existant**, non tamen dici possunt nihil esse." Ganz positiv sagt er in der Dioptrik, dass die Bilder des Sehens nicht nur als von ihnen entsprechenden Körpern ausgehend betrachtet werden könnten, sondern rein als Funktionen des (innern) Auges; wornach doch also, ächt phänomenalistisch, unsere Vorstellungen die Welt wären, und zwar nicht als ein Produkt, als Wirkungen aussersubjektiver Ursachen, sondern als Produkt unserer eigenen Funktionen: „ita concedendum est visus objecta posse percipi, non tantum modo actionis vi, quae ex iis emanans ad oculos nostros diffuditur; sed etiam vi illius, quae oculos innata ad illa pergit" (Op. II. 40). Und noch bestimmter: „Observandum praeterea, animam nullis imaginibus ab objectis ad cerebrum missis egere ut sentiat, (contra quam communiter Philosophi nostri statuunt)" (Op. II. 57). Sehr interessant sind die Gründe Deskartes' gegen die Annahme von „species"; doppelt interessant in Vergleichung mit denen Campanella's. Deskartes' exaktes Denken tritt auch hierin zu Tage: „Cum enim circa eas (imagines) nil considerent, praeter similitudinem earum cum objectis, quae repraesentant, non possunt explicare, qua ratione ab objectis formari queant, et recipi ab organis sensuum exteriorum, et demum nervis ad cerebrum transvehi." etc. (p. 57). Das steht also fest, „ideas quas sensus externi in phantasiam mittunt, non esse imagines objectorum, saltem opus non esse ut eis similes sint" (a. a. O.).

Hier ist demnach keine Rede von einer Bevorzugung der einen Eigenschaften (als primärer) vor den andern (als secundären). Ganz allgemein wird die Übereinstimmung von Vorstellungen (ideas) mit objectiven Eigenschaften (räumlicher oder anderer) auf gute Gründe hin geleugnet. Und doch hat die Lockesche Unterscheidung zwischen primären und secundären Eigenschaften ihren Grund in der Abhängigkeit Lockes von der Deskartes'schen Philosophie. Das wäre aber, wie hier sofort erhellt, ohne ein grobes Missverständniss der Deskartes'schen Philosophie von Seiten Lockes oder einen Widerspruch in dieser Philosophie unmöglich. Dieser Widerspruch liegt nun wirklich vor. Wenn wir auch nicht sagen wollen, dass Deskartes mit seinen Aussprüchen die Idealität oder Phänomenalität der Aussenwelt positiv behauptet habe, so liegt doch ein Widerspruch darin, alle Vorstellungen („ideas"), also auch die der Ausdehnung als nicht ähnlich den Eigenschaften der Dinge zu bezeichnen und nachher diese nämliche Vorstellung, die doch so, wie sie ist, nur im Subject sein soll, zum ureigensten Wesen der (aussersubjectiven) Dinge umzustempeln. Das ist ein Widerspruch, der in der Deskartes'schen Philosophie nicht gelöst ist. Deskartes' Naturphilosophie und Erkenntnistheorie beruhen auf verschiedenen, sich widersprechenden Grundanschauungen.

Und dass nun Deskartes gerade die Ausdehnung, das rein Räumliche, das Formale an der Erscheinung, um mit Kant zu reden, als das Wesen der nicht geistigen Substanz erklärt!

Mit dem Lichte der transscendentalen Ästhetik könnte man

eine eigentümliche Beleuchtung auf diese Lehre Deskartes, von der Ausgedehntheit als dem einzigen absolut notwendigen Merkmal der Substanz der Körperwelt, gegenüber der denkenden, werfen und sagen: was Kant in der Erfahrung (einer Körperwelt) als reine Raumanschauung die apriorische Form nennt, die notwendige Bedingung jeder empirischen Anschauung, das nenne Deskartes Substanz, und was bei Kant zufälliger empirischer Inhalt ist mit nur aposteriorischem Wert, sei bei Deskartes Accidenz. Meiner Ansicht nach liegt hier, wie oben schon leise angedeutet wurde, eine, wenn auch nicht ausgesprochene, so doch tiefinnerliche Übereinstimmung Deskartes'scher und Kant'scher Weltanschauung vor. Doch das nur nebenbei.

Locke hat nun diese Lehre Deskartes', die Identification von Ausdehnung (Raum) und dem innern Wesen der Körper bekämpft und zu beweisen gesucht, dass „Extension and body nod the same"; dennoch findet (und das ist das Eigentümliche) gerade seine bekannte Unterscheidung der Eigenschaften eine Erklärung nur in der (unbewussten?) Abhängigkeit Lockes von dieser Lehre. Nur unter dem Einfluss der Deskartes'schen Lehre von der ausgedehnten Substanz erklärt Locke' die ursprünglichen Eigenschaften, wie er sie nennt, die mit der Ausdehnung zusammenhängen, für objektiv, für wirklich, in den Gegenständen existierend, und unsere Vorstellungen davon für treue Abbilder derselben. In welche Widersprüche er selber dadurch verwickelt wurde, werden wir später sehen. Zunächst wird ihm folgender Umstand fatal. Um diese abbildenden Vorstellungen und ihre Möglichkeit zu erklären, muss Locke wieder auf die von Deskartes als ganz unnötig, als durchaus nichts erklärend, ja als undenkbar hingestellte, von Hobbes für schlimmer als Widersinn, für bare Unmöglichkeit erklärte und selbst von einem Campanella schon in ihrer ganzen Lächerlichkeit gezeigte mittelalterliche Annahme von „species visible and intelligible", die vom Gegenstand aus in unser Auge gelangen sollen, zurückkommen. Locke nennt sie „singly imperceptible bodies", „insensible particles", „minute particles", „corpus clos of any other body". — „And since the extension, figure, number and motion of bodies, of an observable bigness, may be percevedet a distance by the sight, it is evident some singly imperceptible bodies must come from them to the eyes and thereby convey to the brain some motion, which produces these ideas which we have of them in us" (Wo. 1. 113). Wie kommt es aber, dass diese rätselhaften Wesen, die sich Locke alle als „minute particles" denkt, in uns, um nur eines zu nennen, die wahre, reale, so unendlich verschiedene Grösse der Körper gewissermassen abbilden? Was Locke wohl geantwortet haben würde? Ebensowenig ist begreiflich, was die Vorstellungen, von solchen corpuscles of an other body erzeugt, mit der wahren Gestalt jenes Körpers zu thun haben sollen, da Locke aus „the peculiar figures and bulks, and the different degrees and modifications of their motions" dieser „minute particles" nicht eben Grösse, Gestalt, Bewegung u. s. w. in unseren Vorstellungen, mit denen Grösse, Gestalt und Bewegung der Körper sich vollkommen decken sollen, erklärt, sondern daraus nun Farbe, Wärme und die andern secundären Eigenschaften ableitet (Ess. II. 8. § 9—22).

Die Deskartes-Hobbes'sche Lehre von den sinnlichen Eigenschaften wurde also von Locke auch trotz seiner bekannten weitern Unterscheidung einer dritten Art Eigenschaften keineswegs weiter gefördert; sie wurde eher verwirrt. Wenn von Locke eine neue Bewegung ausging, so musste sie von einem andern Punkt seiner Lehre ausgehen. Dieser Punkt liegt in seinen Überlegungen hinsichtlich des Begriffs der Substanz oder Materie.

Locke, der den primären Eigenschaften, als Eigenschaften, objektive Realität zuschrieb, leugnet nun den Träger derselben, die Materie oder Substanz. Er erklärt diesen Begriff, wie er überhaupt zum Nominalismus neigt, für ein absolut leeres Wort, für eine müssige Erfindung müssiger Philosophen. Locke hatte nun objektiv reale Eigenschaften ohne Träger, Eigenschaften, die sozusagen in der Luft schwebten.

Den Begriff der Substanz, als den wirklich merkmallosen Begriff eines unbestimmbaren Etwas, konnte Locke verwerfen; aber er konnte damit nicht die Thatsache aus der Welt schaffen, dass wir das, was wir Eigenschaften nennen, nicht in gleichmässigen Reihen gesonderter Einzelheiten nacheinander oder nebeneinander auffassen, sondern immer in bestimmten und constanten Gruppierungen, d. h. immer in dieser notwendigen Beziehung auf Dinge als ihre Träger. Das ist eine Thatsache, und darum ist die Annahme von objektiv-realen Eigenschaften, ohne dahinterliegende (ohne ihre Eigenschaften allerdings ganz unvorstellbare) Dinge (Substanzen) ein Widerspruch. Die Eigenschaften haben, als objektivreal gedacht, ja keinen Grund (und Boden) mehr; sie müssen in nichts zusammenfallen, d. h. ihre objektive Realität, die Locke doch behauptet, muss von einem consequenten Denken aufgegeben werden; sie müssen für subjektiv erklärt werden. Das ist die Consequenz aus Lockes Polemik gegen die Substanz. Und zwar ist es, wie wir gesehen haben, bereits der zweite Punkt, an dem das Lockesche Denken zu dieser Consequenz hindrängt. Wir brauchen für unsere ganze Vorstellungswelt nicht nur keine aussersubjektiven Dinge, sondern auch gar keine aussersubjektiven Ursachen anzunehmen. Berkeley hat diese Consequenz gezogen und war damit beim absoluten Idealismus angelangt: „Nothing properly but persons or conscious things really exist. All other things are not so muche existences, as manners of the existence (ideas) of persons."

6.

Implicite könnte man diese Lehre am Ende schon in Hobbes nachweisen. Sie kam dort nur nicht zu diesem Ausdruck. Die eigentümliche Weise, wie sie bei Hobbes in Materialismus umschlug, ist sehr merkwürdig. Doch soll hier nicht darauf eingegangen werden. Jedenfalls ist es sehr einleuchtend, die folgerichtige Entwicklung des Berkeleyschen Systems aus Hobbes und Locke zu erklären. Aber es ist das bekanntlich nicht der einzige Weg zu diesem Resultate. Der Gedankenfortschritt von Deskartes zu Malebranche führt auch zu Berkeley. Das ist längst anerkannt. Malebranches Lehre von der Unfassbarkeit und Unerkennbarkeit der ausgedehnten Substanz durch die denkende, es sei denn durch schöpferische Akte, die Lehre also, dass wir alle Dinge nur in Gott schauen, d. h. dass Gott die Vorstellungen derselben bei jeder Gelegenheit neu in uns schaffen muss, legt den Berkeleyismus schon sehr nahe. Wozu eine körperliche Welt, die doch nur der denkenden Geister wegen da sein könnte, wenn diese denkenden Wesen so beschaffen sind, dass sie von dieser Welt gar nichts erfahren würden noch könnten, wenn nicht Gott die Vorstellung davon fortwährend in ihnen erschüfe? Ist diese Welt als eine realgeschaffene dann nicht ganz unnötig?

Berkeley hat verhältnismässig wenig Anhänger gefunden und vielleicht von allen Philosophen den meisten Spott erfahren. Was sollte man auch von einer Philosophie, die in ihren Grundsätzen, wie es ja klar zu Tage lag, dem gesunden Menschenverstand zuwiderlief und alles Urteil gesunder Sinne verwarf! So urteilten die Gegner. Und doch ziehen sich Berkeleys Grundgedanken in mehr oder weniger scharfer Ausprägung durch die ganze Entwicklungsreihe des modernen Denkens hindurch und werden diesem, wenn auch mit Betonung starker Unterschiede und wesentlichen Umbildungen durch den grössten aller Philosophen, durch Kant, erst recht als charakterisierender Stempel aufgedrückt.

Berkeleys Lehre soll jedem gesunden Menschenverstand und dem Urteil der Sinne widersprechen. Merkwürdigerweise beruft sich Berkeley immer auf den gesunden Menschenverstand und die Sinne und stellt sich in einen gewissen Gegensatz zu den Philosophen. Kant hat ganz richtig bemerkt, dass nicht seine Lehre von den Erscheinungen, sondern vielmehr die vulgäre Ansicht, die die Gegenstände der Erfahrung für Dinge an sich erklärt, die Welt der Wesenheiten zerstöre und alles in Schein auflöse (Kehrb. 74). Das ist der eigentliche Fall Berkeleys. Seine Philosophie beruht ja auf wesentlich sensualistischen Grundlagen und auf der Überzeugung, dass wir von den Gegenständen nur durch die Sinne etwas erfahren können. Während man Berkeley vorgeworfen hat, dass er, widersprechend dem gesunden Menschenverstand, das Zeugnis der gesunden Sinne verwerfe, hebt er ausdrücklich hervor, dass er in die Sinne volles Vertrauen setze. Er behauptet ja gerade, dass das, was wir durch die Sinne wahrnehmen, die Dinge an sich sind, die Dinge in ihrer eigensten Wesenheit, und dass die Philosophen Unrecht hätten, dahinter noch etwas anderes anzunehmen, wie die Substanz, die den Sinnen doch unzugänglich ist und überhaupt nicht von uns vorgestellt werden kann. Das klingt ganz sensualistisch, ganz empiristisch. Aber für Berkeley ist es, nach seinen psychologischen und erkenntnistheoretischen Überlegungen, ganz selbstverständlich, dass die Welt der Objecte zwar reell ist, aber eben reell nur in unserer Vorstellung, weil, möge auch existieren was wolle, wir uns nichts bewusst werden können, als unserer Vorstellungen, also dass die Annahme von Dingen ausser unserer Vorstellung mindestens als müssig erscheinen muss. Die Beantwortung der Frage nach der Ursache unserer Vorstellungen bot für Berkeley, dessen Denken trotz aller Energie und Consequenz von religiösen Tendenzen nicht frei war, keine grosse Schwierigkeit mehr und war überdies durch die Deskartes-Malebranche'sche Philosophie sehr nahe gelegt. Diese Beantwortung war zugleich der einzige und einfachste Ausweg, jene Problemklippe zu umgehen, an der immer alle Lösungsversuche gescheitert waren, das Problem nämlich von der Möglichkeit einer Berührung zweier ihrer innersten Natur nach so verschieden gedachter, gleichsam durch eine ungeheure Kluft getrennter Welten wie der ausgedehnten und denkenden Substanz und ihrer gegenseitigen Wirkung aufeinander. So war von allen dogmatischen Systemen der Berkeleyismus wohl das abgeschlossenste und konsequenteste. Ob dieses System nun nur in der Richtung Bacon-Locke, oder nur in der von Deskartes-Malebranche, in der übrigens Locke schon teilweise steht, oder ob es in beiden Richtungen liegt, diese Frage kann füglich dahingestellt bleiben, wenn man das Eine zugiebt, dass unter den Grundlagen des Berkeley'schen Systems auch der Deskartes'sche Satz „cogito ergo sum" angetroffen wird. Denn gerade dieser Satz, der Deskartes'sche Satz vom Selbstbewusstsein, war die Achillesferse des Systems. Und wie sehr das ganze System auf diesem Satz ruhte, zeigt sein späteres Schicksal. Man durfte nur an diesem Satz rütteln, so wankte und fiel das ganze System.

7.

„Die ich rief, die Geister,
Werd' ich nun nicht los."

Auch an Berkeley und seinem System bewahrheitete sich dieses Wort des Dichters.

Berkeley hatte die Materie aufgelöst in flüchtige Complexe von Vorstellungen, als denknotwendige Produkte unseres Geistes. Dieser letztere selber blieb dabei in seiner persönlichen Natur unangezweifelt; denn „cogito ergo sum". War es aber nicht natürlich, dass ein scharfer, durchdringender Geist mit ausgeprägt skeptischer Richtung nun auf den Gedanken kam, dass ganz analog der nämliche gedankliche Auflösungsprozess, den man mit der Materie vollzogen hatte, auch an unsere Idee vom Geist herangebracht werden könne, dass mit einem Wort der Geist sich erklären lasse als eine Reihe wechselnder Vorstellungen? Diese Annahme müsste allerdings jedes positive Dogma als eine Unmöglichkeit erscheinen lassen; sie wäre die vollendete Skepsis, und ihr Vertreter müsste nicht nur an Gott und der Welt, er müsste an sich selber, an seiner eigenen Existenz zweifeln. Die Constatierung des „cogito" war nicht mehr zugleich die des persönlichen „esse". Der Deskartes'sche Satz war überwunden und damit die dogmatische Philosophie in dieser Richtung. Wo diese Richtung, in „Hume" wurzelnd, auslief, ist bekannt, nämlich im französischen Materialismus. Les extrêmes se touchent. Aber das war eben nur die eine Richtung. Schon bei Locke hatte mit Leibniz das deutsche Denken in den Gang der Entwicklung eingegriffen. Das war der Wendepunkt, von dem an die moderne Philosophie deutsche Philosophie wurde und es, mehr oder weniger ausschliesslich, bis auf die jüngste Zeit herunter auch blieb. Leibnizens Bedeutung ist schon deshalb keine geringe.

Indem Leibniz die Substanz und in gewissem Sinne auch die angebornen Ideen gegen Locke verteidigte, erfuhren diese Grundanschauungen unter seinen Händen die wesentlichsten Umgestaltungen. Die Substanz erscheint in der Monadenlehre als mit der Kraft in gewissem Sinne identisch; die angebornen Ideen aber werden in Denkformen umgedeutet. Im letztern Punkte namentlich liegt der Keim einer neuen fruchtbaren und grossartigen Gedankenreihe. An diesem Punkte fiel auf den begrabenen Idealismus der erste Strahl jener grossen herrlichen Sonne, durch deren energische Kraft er in verjüngter Gestalt zu neuem Leben erweckt werden und den Triumph einer glorreichen Auferstehung feiern sollte.

Der Idealismus hatte die Ursache und den Erklärungsgrund unserer ganzen Vorstellungswelt in der gesetzmässigen Denknotwendigkeit des Subjekt's gefunden. Nun ist klar, dass einer solchen Lehre ein wahres Übergewicht und eine grössere und dauernde Wirkung nur der verschaffen konnte, der alle die einzelnen Notwendigkeitsbeziehungen deduzierte und zeigte, wie aus ihrem Wesen und ihrer Funktion sich die Thatsache erklärt, dass wir unsern rein subjektiv erzeugten Vorstellungen objektive Gültigkeit und Realität zuschreiben. Das aber war die grosse That Kants.

Ihre Darlegung fällt nicht mehr unter den Gesichtspunkt dieser Aufgabe. Nur das sei noch erwähnt, dass auch der Satz vom Selbstbewusstsein, den wir durch die ganze Entwicklung der modernen Philosophie neben dem phänomenalistischen Prinzip herlaufen sahen, und der der Brennpunkt des modernen Denkens in seinen Anfängen ist, in der Kant'schen Philosophie noch einmal sein Haupt erhebt, nur mit etwas verändertem Gesicht. Das theoretische „cogito, ergo sum" wird von Kant auf's Schärfste widerlegt. Um aber seinen

Idealismus, auf den er, ohne es zu beabsichtigen, durch seine erkenntnis-theoretischen Überlegungen gekommen war, nicht in den ihm mehr als jedem andern ungeheuerlich erscheinenden absoluten Idealismus oder gar theoretischen Egoismus umschlagen zu lassen, brauchte Kant für den widerlegten Satz einen Ersatz und konstatierte ihn in dem praktischen Analogon zu jenem, in der für Kant unendlich weiter tragenden, unbestreitbaren und unentfliehbaren Thatsache des sittlichen Bewusstseins. Das „ich weiss, dass ich denke", wird zu dem ernsteren „ich weiss, dass ich soll". Wenn ich aber überzeugt bin von meiner sittlichen Freiheit und Verantwortlichkeit, so muss ich davon überzeugt sein, dass ich etwas Anderes bin, als nur ein Glied in der Kette des kausalen Zusammenhangs der Erscheinungen. „Ich denke, und so bin ich" hat keine Bedeutung mehr; dafür heisst es: Ich soll, und so bin ich, bin ein Ding an sich, ein intelligibler Charakter.

Das ist die Kant'sche Wendung des „cogito, ergo sum", des Ausgangspunktes gewissermassen der ganzen modernen Gedankenbewegung. Das Deskartes'sche Erkenntnis-Prinzip wird ein Prinzip der innern, notwendigen, weil vernünftigen Glaubensüberzeugung. Es war seine letzte positive Wendung.